从绘本阅读
到幼儿园科学活动

王　蓉◎主编

海峡出版发行集团 | 福建人民出版社
THE STRAITS PUBLISHING & DISTRIBUTING GROUP | FUJIAN PEOPLE'S PUBLISHING HOUSE

本书编写组

主　　编： 王　蓉

编　　委： 齐　凌　李　立　黎　婧

编写人员： 林碧缘　黄思思　余丽晓　刘景林　郑晓霞

胡育南　林　莉　王　莺　张岚姜　周美蕊

朱诗嫄　方　榕　程子珉　林怀明　黄鸣鸿

前言

《从绘本阅读到幼儿园科学活动》一书历经三年，终于要与大家见面了，这是福州市蓓蕾幼儿园在幼儿园科学教育领域研究的又一项可喜成果。

福州市蓓蕾幼儿园创办于1951年，是福州市教育局直属公办幼儿园，首批福建省示范性幼儿园。我园有着深厚的科学教育研究底蕴，自1999年以来，我园始终坚持以课题研究为载体，先后围绕“科学教育课程资源建设与师资培训”“幼儿探究学习的特点与指导策略”“问题探究式科学教育范式”“生活化科学教育”“基于儿童视角的幼儿园科学主题活动”等内容开展实践研究。从幼儿园科学教育中教师的“教”到幼儿的“学”，再到科学教育范式的建构，最后回归生活中的幼儿园科学教育的探索，我园历经二十余年的研究与积淀，形成了“体验‘玩中学’的乐趣，激活‘疑中探’的智慧”的课程理念，使问题探究式科学教育成为我园的教育特色，实现幼儿科学素养和教师专业能力的双重提升。

我园教师始终秉持儿童视角，基于儿童的生活经验，追随儿童的兴趣，充分挖掘身边的科学教育资源，开发科学教育活动课程。在实施科学教育的过程中，我们发现科学绘本蕴含着有趣的科学现象、丰富的科学知识，并以幼儿喜闻乐见的方式形象化、趣味化、艺术化地呈现，为幼儿打开了一扇认识世界的窗户，满足了幼儿探索世界的需要；同时也为教师提供了丰富的教学资源，在一定程度上延伸和拓宽了科学教育范围。于是，开展"'藏'在绘本中且贴近生活的科学探究"成为我园科学教育活动新的实践载体。

为了从科学绘本中捕捉幼儿的兴趣点，发现和支持幼儿有意义的学习，生成一系列趣味盎然的科学探究活动，我带领研究团队开展了一系列研究与实践探索。首先，对绘本进行收集，精心筛选出与幼儿生活紧密联系、画面精美、形式生动、符合幼儿年龄特点的绘本。其次，根据科学态度、科学知识、科学能力与方法三大核心培养目标，对绘本进行深入分析与解读，甄别和研判绘本中蕴藏的科学核心知识及3～6岁幼儿适宜的科学领域关键经验，设计出能激发幼儿探究兴趣和引发幼儿直接感知、亲身体验、实际操作的科学活动方案。最后，组织实施活动方案，在实践中验证方案的可行性。从绘本的选择到对其中所蕴含的科学核心知识的分析与研判，再到教学活动方案的设计、实施与调整，我们经历了一次次的研讨学习，一次次的智慧碰撞。正是通过这样的精心打磨，才有了本书中呈现的精彩案例。

本书分为"理论篇"和"实践篇"两部分。"理论篇"围绕"基于科学绘本开展幼儿园科学活动的价值剖析""科学绘本的类型与选择""基于科学绘本开展幼儿园科学活动的指导策略"三方面进行阐述，涵盖了当前我园研究团队对基于科学绘本开展幼儿园科学活动的粗浅思考。"实践篇"精选了19本绘本，并以这些绘本为基础开展科学教育活动，形成了系列实践案例，案例内容包括绘本内容简介、基于绘本的活动设计思路、活动方案等，其中活动方案中的"活动建议"部分清晰地说明了活动组织与开展的要点及注意事项。全书理论与实践相结合，实用性和操作性强，为教师开展基于科学绘本的幼儿园科学活动提供指引，具有一定的参考和借鉴价值。

本书的"实践篇"是基于绘本进行活动设计的。由于本书选用的部分绘本没有标明页码，但相关活动设计又涉及绘本中的某些具体页面，为方便读者阅读与理解，凡是没有标明页码且首页内容从扉页背面起始的绘本，在本书中均默认其扉页为第1页，扉页背面为第2页，以此类推。在此统一说明。

本书能顺利出版，非常感谢我园项目研究团队三年来一直秉承"精耕细作”的精神，认真研讨，不断打磨，正是因为大家的坚持与努力、创新与反思，才有了这本凝结集体智慧的书稿；感谢我园前两任园长郑琼、方柏爱，她们带领我园开启了科学教育的探索之路，为我园科学教育奠定了坚实的基础；特别感谢福建人民出版社的编辑为本书的出版所付出的辛劳。

限于编者的水平，本书难免有疏漏与不当之处，恳请广大同行不吝赐教、批评指正。我们期待本书能抛砖引玉，为幼儿园科学活动课程资源的开发带来更多活力与经验。

福州市蓓蕾幼儿园　王蓉

2024 年 2 月

目 录

理论篇

基于科学绘本开展幼儿园科学活动的价值剖析 /2

科学绘本的类型与选择 /7

基于科学绘本开展幼儿园科学活动的指导策略 /13

实践篇

绘本《我们身体里的“洞”》相关活动设计 /24

身体里的“洞”（小班） /25

绘本《花园里有什么》相关活动设计 /30

寻找花园里的秘密（小班） /31

绘本《变色鸟》相关活动设计 /34

颜色变变变（小班） /35

绘本《了解空气：100元的空气袋子》相关活动设计 /39

我和空气一起玩（小班） /40

绘本《拓拓是分离混合物的高手》相关活动设计 /42

分离混合物（中班） /44

分离油水混合物（中班） /48

分离铁粉与面粉混合物（中班） /48

分离泥水混合物（中班） /49

绘本《我来播报今天的天气》相关活动设计 /51
制作风向标（中班）/52
绘本《嗝！哈啾！噗！》相关活动设计 /55
我们身体的信号（中班）/56
绘本《谁是蛀虫的朋友？》相关活动设计 /60
设计鸡蛋壳模拟牙齿小实验（大班）/61
被侵蚀的鸡蛋（大班）/63
鸡蛋变了样（大班）/65
牙膏保护牙齿（大班）/66
绘本《昆虫躲猫猫》相关活动设计 /68
昆虫躲猫猫（大班）/69
动物的锦囊妙计（大班）/73
绘本《血管带我去旅行》相关活动设计 /77
血的秘密（大班）/78
绘本《咕咚咕咚，种子喝水》相关活动设计 /83
我的种植计划（大班）/84
绘本《摇摇晃晃独木桥》相关活动设计 /88
找平衡（大班）/89
绘本《美丽的螺旋》相关活动设计 /93
美丽的螺旋（大班）/94
绘本《水是从哪儿来的？》相关活动设计 /97
“多变的水”实验计划（大班）/99
“多变的水”实验之一（大班）/101
“多变的水”实验之二（大班）/103
“多变的水”实验报告分享会（大班）/104

绘本《一粒种子的旅行》相关活动设计 /106

种子旅行记（大班） /107

绘本《有魔法的草坪——凹凸镜》相关活动设计 /112

奇妙的镜子（大班） /113

绘本《咚咚锵，尽情敲锣打鼓吧！》相关活动设计 /116

奇妙的声音（小班） /118

奇妙的传话筒（中班） /120

橡皮筋古筝（大班） /124

绘本《豆豆大叔的磁铁游戏》相关活动设计 /128

有趣的磁铁（小班） /129

谁是磁铁宝宝?（小班） /131

我和磁铁做游戏（小班） /132

有魔力的磁铁（中班） /133

神奇的磁铁与铁粉（中班） /137

小兔跳跳跳（中班） /137

神奇的电磁力（大班） /138

绘本《呼啦啦地搅，慢慢就溶化》相关活动设计 /141

它不见了（小班） /143

小小饮料吧（小班） /145

溶解大比拼（中班） /146

油和水（大班） /150

理论篇

LILUN PIAN

基于科学绘本开展幼儿园科学活动的价值剖析

科学绘本是以图画为主、文字为辅并包含着科学知识的图画书。它以幼儿的视角，将科学知识直观生动、富有艺术性地展现在幼儿面前。幼儿园科学活动是一种有目的、有组织的，引导幼儿亲历科学探究过程、建构科学经验的活动，是幼儿园教育的重要组成部分。借助科学绘本开展科学活动，是助力幼儿科学探究与科学学习、促进幼儿科学经验的不断内化和发展、支持幼儿全面发展的有效途径。

一、科学绘本的启蒙性可激发幼儿的科学探索热情，促进幼儿科学经验的获得

科学绘本通过有趣的故事情节、精彩纷呈的画面以及简单生动的语言，将生活中的科学知识和科学现象形象化、趣味化、艺术化地呈现出来，以幼儿喜闻乐见的方式，为幼儿打开一扇认识和探索世界的窗户。阅读科学绘本的过程，不仅能增进幼儿对自然世界的认识，传递科学知识，对幼儿进行科学启蒙教育，更重要的是能激发幼儿的好奇心和想象力，提高幼儿对科学探索的兴趣和热情，在幼儿心中播下热爱科学的种子。

例如，绘本《呼啦啦地搅，慢慢就溶化》讲述了想开茶馆的小兔子一家在制作饮料和洗碗的过程中发现了许多关于溶解的小秘密的故事。浅显易懂的解说和奇妙的科学游戏不仅能让幼儿了解身边的科学现象，初步理

解科学原理，更能激发幼儿动手实验的热情，给予幼儿主动探究和勇于求真的原动力。

又如，绘本《昆虫躲猫猫》通过一幅幅精美的照片诠释了昆虫自卫方式中最常见、最有效的拟态。幼儿在阅读绘本之后，能够认识到拟态是昆虫自我保护的方法。绘本的内容能激发幼儿对动物自我保护方式的好奇心。带着这种好奇心与求知欲，幼儿通过查找资料、咨询等方法，进一步了解更多动物的自我保护方式，如：刺猬遇到攻击时，将身体卷曲成球状，通过身上的刺来保护自己；金龟子遇到鸟时，会从树上掉落，脚朝天装死；等等。生动有趣、简单易懂的科学绘本，能激发幼儿对科学的兴趣，促进幼儿经验的获得，带领幼儿走进科学的殿堂。

二、科学绘本的多元性可丰富科学活动的教学资源，拓展幼儿的科学视野

科学世界是神秘、奇妙、多姿多彩的，幼儿对科学世界充满了好奇心。在实际的教学中，受限于教师的知识储备及幼儿园的课程资源，教师常常选择材料易于收集且便于幼儿动手操作的内容来开展关于物质科学与生命科学的探究活动，而地球与空间科学、现代科技领域则较少涉及，并不能满足幼儿探索科学世界的需要。科学绘本涉及的内容包罗万象，从动植物到微生物、从物理到化学、从天文到地理、从当代到远古等，蕴含着丰富的教育价值，能极大地丰富幼儿关于世界、社会、人类乃至自然万物的经验。利用科学绘本开展科学活动，为教师提供了丰富的教学资源，在一定程度上延伸和拓宽了科学教育，也开阔了幼儿的科学视野，满足了幼儿探索世界的需要，是开展幼儿园科学教育的一种重要途径。

例如，幼儿对血既感到恐惧又充满好奇，他们常常会问："人为什么会流血？""血为什么会不断地流？""血为什么是红色的？"绘本《血管带我去旅行》以血小板自述的视角让幼儿全方位地了解血管、血循环、血细胞的组成及其功能，以及其他与血液相关的小知识。为了满足幼儿的求知欲，教师依托绘本《血管带我去旅行》设计了科学活动"血的秘密"，引

导幼儿带着自己想要了解的有关血的问题，通过小组阅读、同伴交流寻找答案，从而了解血的秘密，消除对血的恐惧感，提升自我保护意识。同时，对血的探究，也引发了幼儿对更多身体的秘密产生探索兴趣，如“人的手脚为什么会动?”“为什么人每天都要上厕所?”“肚子为什么会饿?”等，由此延伸出更多探究活动，拓展和丰富了幼儿的学习与体验。

三、科学绘本的情境性可增强科学活动的趣味性，实现幼儿的主动学习

科学绘本根据幼儿以具体形象思维为主的思维特点，抓住幼儿的好奇心，将幼儿带入作者所创设的情境中，如引人入胜的故事情境，或层层推进的问题情境，或有趣互动的游戏情境等，引发幼儿的阅读兴趣。教师将科学绘本充满童趣的情境运用于科学活动中，使幼儿置身其中，将极大地增强科学活动的趣味性，有效地吸引幼儿的注意力，充分调动幼儿参与科学探究的兴趣，获取丰富的感性经验。

例如，绘本《变色鸟》讲述了一只白鸟在果园里吃到某种颜色的果子就会长出相应颜色的羽毛，后来变成了一只黑鸟的故事，引发幼儿对变色的思考。教师利用小鸟吃了果子是否会变色、会变成什么颜色的问题情境，设计了科学活动“颜色变变变”，引导幼儿在实际操作中发现颜色混合的神奇变化。

又如，绘本《豆豆大叔的磁铁游戏》创设了豆豆大叔带领小动物玩各种磁铁的游戏情境。教师利用绘本中的游戏情境，带领幼儿通过动手操作，了解磁铁吸铁、相斥或相吸的特性，发现磁铁在生活中的应用。

再如，绘本《摇摇晃晃独木桥》讲述了狐狸追赶兔子，最后狐狸和兔子都上了一座摇摇晃晃的独木桥，为了保持平衡且不从桥上掉下去，狐狸和兔子不断调整位置的故事。教师借助帮助狐狸和兔子逃生的故事情境，设计了科学活动“找平衡”，引导幼儿探索影响平衡的因素并通过尝试改变两端动物砝码的位置让天平保持平衡，从而启发幼儿发现平衡的秘密。

四、科学绘本的情感性可提升幼儿的科学素养，培养幼儿的学习品质

绘本的情感性是指绘本通过图片和文字表达人们对生活、事物的情感与信念，并以此激发读者共鸣、促进社会情感交流的特性。不同类型的绘本能实现对幼儿人格、求知欲、创新能力等方面的培养。其中，科学绘本所传递的好奇、求真、坚持、不怕困难、敢于探究和尝试、乐于想象和创造等积极的情感，有利于促进幼儿逐步形成良好的学习品质、提高科学素养。在阅读绘本的过程中，幼儿会随着绘本中故事主人公的经历产生情绪波动，主人公的求知欲、不畏困难等积极的情感能带动幼儿的情绪体验，引导幼儿将自己的生活经验代入故事情节，有助于幼儿养成好奇、专注、坚持、自信等学习品质，对幼儿积极主动地进行科学学习具有重要价值。

例如，绘本《花园里有什么》以知性与感性交融的方式描述了一个清新、优美、诗意的花园。绘本以“花园里，看得到的是什么？看不到的是什么？”这一问题贯穿始终，引导幼儿用灵敏、细腻的多种感官去观察、探索、发现花园里的秘密。跟随绘本，幼儿不仅能感受到大自然的丰富和生命的成长，体会到人与自然融合的美好，而且可以感受到细心观察、用心发现带来的惊喜，能更加积极主动地探索周围的事物与现象。

五、科学绘本的综合性可实现科学活动与其他领域活动的整合，赋能幼儿的全面发展

《3～6 岁儿童学习与发展指南》（以下简称《指南》）指出，儿童的发展是一个整体，要注重领域之间、目标之间的相互渗透和整合，促进幼儿身心全面协调发展。科学绘本将科学、社会、情感、艺术等领域的要素融入其中，具有促进幼儿多领域发展的价值，为幼儿全面发展加油赋能。

科学绘本有利于幼儿获得积极丰富的情感体验，促进幼儿的社会化。绘本渗透着对幼儿的个性、品质、同情心、人生观等多方面的影响，带给幼儿心灵的洗礼，帮助幼儿形成健全人格。例如，绘本《拓拓是分离混合物的高手》中的拓拓热心帮助他人解决一个个“分离混合物”的难题。热情聪明的拓拓深受幼儿喜爱，绘本在潜移默化中引导幼儿互相关爱、乐于助人。

科学绘本能支持和引导幼儿对美的感受与体验，发展幼儿的审美能力。绘本的画面用色彩、造型等进行修饰与美化，通过独特的艺术化处理，给予幼儿美的熏陶。例如，绘本《美丽的螺旋》采用极富韵味的刮版画，展现了蜗牛的壳、圆蛛结的网、向日葵的花盘、潮汐的漩涡等精美的螺旋世界，将螺旋世界的美丽与奇妙展现在幼儿眼前，让幼儿发现蕴含于自然界的无穷美感与力量，丰富了幼儿的审美体验。

科学绘本蕴含着关于幼儿健康发展的内容，有助于幼儿养成良好的生活习惯和文明的生活方式。例如，绘本《谁是蛀虫的朋友?》从科学的角度引导幼儿对牙齿健康的问题进行探索，生动地展现了蛀虫大军破坏牙齿的过程，让幼儿对龋齿的形成有深刻的了解，知道认真刷牙、饭后漱口、少吃甜食等保护牙齿的常识，帮助幼儿养成良好的卫生习惯。

总之，科学绘本作为幼儿园科学教育的教学资源之一，在幼儿科学学习和全面发展的过程中，其作用和意义不容忽视。教师可以积极地将其应用于科学活动过程中，丰富科学教育资源，激发幼儿科学探索的兴趣，拓展幼儿的科学视野，培养幼儿的学习品质，促进幼儿全面和谐发展。

科学绘本的类型与选择

一、科学绘本的类型

（一）依据科学绘本中所展现的核心科学概念进行分类

根据科学绘本中所展现的核心科学概念，可将科学绘本分为生命科学类绘本、物质科学类绘本、地球和空间科学类绘本三大类。

生命科学类绘本从生物的身体特征、生命的基本需求、生物的简单行为、生物的生命周期、生物的多样性、生物与环境的相互作用等多方面向幼儿描绘了关于生命的科学知识，如绘本《咕咚咕咚，种子喝水》《蚯蚓的日记》《花园里有什么》《我们身体里的“洞”》等。

物质科学类绘本蕴含了丰富的物理科学知识，向幼儿描绘了物体和材料的特性、物体的位置与运动、声光电磁热等物理现象，如绘本《豆豆大叔的磁铁游戏》《咚咚锵，尽情敲锣打鼓吧!》《影子是我的好朋友》《呼啦啦地搅，慢慢就溶化》等。

地球和空间科学类绘本能使幼儿感受生活里的天气与气候变化，初步了解沙、石、土、水、空气的特点，知道地球上有各种各样的物质，对广袤的太空产生好奇，认识地球生态对人类的影响，如绘本《我来播报今天的天气》《了解空气：100 元的空气袋子》《水是从哪儿来的?》等。

（二）依据绘本的叙事方式进行分类

依据叙事方式的不同，科学绘本还可分为故事性和非故事性两种类型。

故事性科学绘本借助一定的故事情境并按照故事发生的前后顺序展开描述。例如，绘本《拓拓是分离混合物的高手》讲述了主人公拓拓运用不同的方法帮助他人解决“分离混合物”难题的故事，并向幼儿介绍了混合物的含义和分离不同混合物的方法。

非故事性科学绘本的描述不一定按时间或事件发展的先后顺序展开，但同样有着鲜明的主题。例如，绘本《一粒种子的旅行》主要讲述了植物是怎样传播种子的，以及如何生长、繁殖，让绿色铺满大地的。种子的旅行没有一定的时间先后顺序，但通过老鹳草的“小勺子”、田蓟的“小伞”、草莓的匍匐茎等，向幼儿展示了不同种子旅行的方式，展现了自然界的神奇力量。

二、科学绘本的选择

将科学绘本阅读与科学活动进行深度融合，一方面肯定了科学绘本的科学教育价值，另一方面对幼儿科学素养的形成会产生积极的影响。为了利用精彩的科学绘本开展生动有趣的科学活动，充分发挥绘本的科学教育价值，教师在选用绘本时需要考虑以下问题，以提高绘本作为教育资源在科学活动中的有效性。

（一）基于科学学科视角

1. 画面能表达科学要素

绘本中的图画是主体，具有讲述故事和引导阅读的功能，所以图画“好看”，内容突出重点，是吸引幼儿阅读的关键。教师在选择绘本时既要注重绘本“好看”，也要注重挖掘绘本中的科学要素。例如，绘本《血管带我去旅行》画面中的血管、红细胞等非常生动形象，血的颜色、触感及其与心脏之间的关系都是幼儿发现和讨论的焦点。幼儿在阅读中通过教师的引导，能很自然地积累关于血的经验。科学知识能在画面中被清楚地表达出来，这既便于幼儿观察发现又能帮助幼儿理解。这样的绘本在科学活动中能起到很大的作用。

2. 绘本情节能引发操作探究

在幼儿园科学教育中，幼儿是在动手操作的过程中学科学的。教师不仅要为幼儿提供动手操作的机会，也要引导幼儿在操作体验的基础上积极动脑思考，帮助幼儿理解相关的科学经验。因此，在选择科学绘本开展科学活动时除了关注绘本本身蕴含的科学经验，我们还要关注绘本内容能否引发幼儿动手操作探究。例如，绘本《月亮的味道》讲述了一群小动物想品尝月亮的味道，通过一次又一次“叠高”的尝试，最终获得成功的故事。绘本中“叠高”的情境，不仅蕴含着“叠高时如何保持平稳”的科学探究内容，还便于教师提供材料让幼儿进行操作探究。因此，教师选择此绘本开展科学活动，可借助绘本的故事情境，提供多样化的叠高材料，让幼儿动手尝试帮助小动物们够到月亮，从而发现最平稳的叠高方法。操作的情境性和科学性，可激发幼儿的探索欲望。

（二）基于儿童视角

1. 符合幼儿的兴趣与需要

科学知识一般比较复杂、抽象。科学绘本如果过于晦涩，幼儿将很快丧失阅读的兴趣。因此，基于科学绘本开展科学活动时，我们要选择一些画面生动活泼、语言简单易懂、具有童趣的科学绘本，激发幼儿的阅读兴趣，进而引发幼儿对绘本中所描述的事物、科学现象及其相互关系的好奇心和探究欲望。例如，绘本《拓拓是分离混合物的高手》讲述了主人公拓拓帮助小姑娘“黑豆鼠”分离黑豆与小米、帮助青蛙分离油与水、帮助兴夫大叔分离面粉与铁粉、帮助卖盐大叔分离盐与泥土的故事，将分离混合物的知识与有趣的故事情境相结合，充满探究性与趣味性。幼儿在阅读该绘本时，好奇心和探究兴趣易被激发，迫不及待地想像拓拓一样分离各种混合物，感受动手动脑、解决问题的快乐。

2. 适合幼儿的认知水平

科学绘本的主题包罗万象，内容丰富、涵盖的知识面广，甚至一本绘本里就有可能涉及好几个不同层次、适合不同年龄段幼儿学习的知识。教师在筛选时应分析绘本所涉及的科学核心知识，考虑幼儿的年龄特点、已有的生活经验，选择适合本班幼儿认知水平的绘本，使基于绘本开展的科学活动达到效果最大化。

例如，绘本《豆豆大叔的磁铁游戏》介绍了磁铁有吸引铁制品的特性，磁铁之间具有同极相斥、异极相吸的相互作用，以及磁铁在生活中的广泛应用。教师应根据不同年龄段幼儿的认知水平设计不同的活动。

小班科学活动“有趣的磁铁”围绕“感知磁铁吸铁的特性”展开探究活动。小班幼儿要能“观察现象的发生和事物的变化”①。活动中，教师先引导幼儿通过阅读绘本中豆豆大叔开展的磁铁游戏认识磁铁及磁铁吸铁的现象；继而通过引导幼儿动手操作探究，结合记录表进行梳理，帮助幼儿进一步感知磁铁吸铁的特性；最后引导幼儿回归生活，寻找生活中磁铁的好朋友，巩固认识磁铁吸铁的特性。活动设计层次分明，有助于幼儿获得科学领域关键经验。

中班科学活动“有魔力的磁铁”围绕“感知磁铁之间相互吸引或者排斥的特性”展开。活动中，教师抓住中班幼儿“能对事物或现象进行观察比较，发现其相同与不同”的探究能力发展目标，借助游戏开展探究活动：先回顾绘本前几页内容及幼儿在区域活动中的发现，通过对记录表的梳理对比发现磁铁同极相斥、异极相吸的特性；紧接着用两次“磁铁汽车”的游戏，进一步验证磁铁之间的相互作用；最后回归生活，发现磁铁这一特性在生活中的运用，实现活动内容从绘本到生活的拓展和延伸。

磁铁不仅拥有神奇的力量，还和电有密切的联系，电磁力在生活中广泛运用，大班科学活动“神奇的电磁力”就以了解电磁力为重点内容。大班幼儿在设计制作能力方面应当掌握“按照程序进行制作”②的关键经验。活动中，教师先回顾绘本内容、分享实验计划，激发幼儿的兴趣；然后引

①② 张俊，等. 幼儿园科学领域教育精要：关键经验与活动指导［M］. 北京：教育科学出版社，2015：69，77.

导幼儿发现电磁力现象和体验科学探究的有趣；最后通过视频了解电磁力在生活中的运用。活动以幼儿自主操作实验为主，在“玩中学、疑中学”，有效促进幼儿建构关于磁铁的科学经验。

3. 链接幼儿的生活经验

科学教育专家威林格说：“儿童通过各种渠道获得的有关科学的经验，以及在他们的各种好奇有趣的经历中，所形成的日常概念，是他们形成科学概念的基础。”幼儿在日常生活中积累的经验是非常宝贵的资源，这些具体的、实际的感知经验为日后抽象科学概念的学习打下基础。幼儿在阅读绘本时，进入的不仅仅是绘本的世界，还有自己搭建的“经验王国”。他们将自己的生活经验与绘本进行链接，慢慢地形成自己的认知网络。因此能够链接幼儿生活经验的绘本将更容易引起幼儿的共鸣，有助于顺利开展科学活动。

例如，绘本《嗝！哈啾！噗！》以玛丽与小伙伴玩捉迷藏游戏为情境，用形象、生动的语言，如“嗝！嗝！”“咕噜咕噜！”“哧溜！”等向我们介绍了身体会发出的各种声音以及这些声音背后蕴含着的信息。这些来自身体的声音是幼儿在日常生活中经常发出的，幼儿对身体发出的声音很感兴趣，也积累了较丰富的生活经验和感性认识，但是对身体发出的声音所传递的生命信息并不是很了解。教师借助绘本开展科学活动“我们身体的信号”，很好地引发了幼儿对于身体发出的声音及其所传递的信息的关注和探究兴趣。

4. 切合幼儿的活动需要

教师可以根据班级正在开展的活动选择合适的绘本。在活动开展前，教师要把握科学教育的本质，分析所选绘本的科学性和逻辑性，研究科学活动的目标、内容，在深刻把握活动目标和活动内容的基础上对阅读绘本的时机、绘本内容的截取整合等进行处理，使绘本内容服务于当前幼儿活动的需要。例如，大班正在开展小田园的活动，幼儿在田园翻土时发现了蚯蚓，引发了对蚯蚓的探究兴趣。这时教师就可以借助绘本《蚯蚓的日记》设计相关活动，帮助幼儿梳理与蚯蚓相关的经验。又如，班级开展

“水”的主题活动时可以利用绘本《水是从哪儿来的?》进行教学，帮助幼儿探究关于水的各种问题、满足幼儿持续探究的欲望。教师可将幼儿提出的问题转化为他们可实验探究的具体内容，引导幼儿通过合作学习、制订实验计划，提升在探究中思考的能力，并学会用一定的方法验证自己的猜想。

基于科学绘本开展幼儿园科学活动的指导策略

基于科学绘本开展的幼儿园科学活动是以绘本中蕴含的科学核心知识为载体生成的科学活动。它注重通过猜想与验证、实验与探究、交流与共享等方法，引导幼儿在直接感知、实际操作和亲身体验的过程中理解绘本中的内容，促进幼儿主动建构科学经验，激发幼儿对科学探究的兴趣，发挥科学绘本在幼儿科学启蒙教育中的独特价值。

一、解读绘本内容，把握幼儿适宜的科学领域关键经验

张俊指出，“科学学习，不仅是学习科学知识，也是学习如何进行科学探究”①，“科学教育的内容包括‘科学探究’和‘科学知识’两个部分”②。科学绘本内容广泛，包括动植物、物理、化学、天文、气象、人体等，涉及生命科学、物质科学、地球与空间科学三大范畴，蕴含着丰富的科学核心知识。因此，基于科学绘本，为幼儿提供实验操作、观察比较、交流讨论科学知识的机会，有利于培养幼儿的自主探究能力。

在开展活动前，教师要对绘本进行深层次的阅读，对绘本中所蕴含的科学核心知识及幼儿适宜的科学领域关键经验进行具体分析。教师不仅要

①② 张俊，等. 幼儿园科学领域教育精要：关键经验与活动指导［M］. 北京：教育科学出版社，2015：62.

分析绘本中涉及的科学核心知识是否适合幼儿学习，还要分析幼儿能否达到绘本内容中所渗透的科学探究能力，充分挖掘绘本的科学教育价值，为幼儿进行有目的、有针对性的学习奠定基础。

例如，绘本《嗝！哈啾！噗！》以玛丽与小伙伴玩捉迷藏的游戏情境贯穿全书，用生动可爱的人物、简洁的语言、具体形象的画面，呈现了玛丽从找不着小伙伴到根据他们身体发出的各种声音找到小伙伴这一有趣的故事情节。那么，教师在从开展科学活动的角度出发对绘本进行解读的过程中，不仅要让幼儿感受捉迷藏游戏的趣味性，了解玛丽寻找小伙伴的特殊方式，更需要通过绘本故事引导幼儿思考："身体为什么会发出这么多奇怪的声音？这些声音带给我们哪些关于身体的信息？"从而引发幼儿对人体的探究兴趣，发现声音与其所传递的身体信息之间的联系，初步了解生命体个体的行为会受到内部提示和外部提示的影响这一生命科学经验，如肚子饿的时候肚子就会"咕咕"叫等。此外，教师还需要进一步思考幼儿通过对身体发出的声音的探究可能获得哪些能力的发展，如：幼儿通过分享交流自己发现的身体发出的声音、观察记录身体能发出声音的部位来发展表达交流的能力；根据声音发出的部位大胆猜测身体所传递的信息，从而提升在探究中思考的能力。

又如，绘本《豆豆大叔的磁铁游戏》呈现了有关磁铁的各种游戏，让幼儿认识生活中常见的磁铁，感受磁铁神奇的特性。磁铁属于物质科学的范畴，教师在阅读该绘本的过程中需要分析每一个磁铁游戏所蕴含的科学核心知识是什么，如：用磁铁钓带有铁环小鱼的游戏，渗透了磁铁吸铁的特性；隔着纸板用磁铁移动带回形针的小乌龟，呈现了磁铁的吸引力具有穿透性的特点；用磁铁推开或者吸引小车，体现了磁铁同极相斥、异极相吸的特点；等等。在活动中，教师呈现这些有趣的操作游戏，不仅能让幼儿在观察、操作的过程中掌握有关磁铁特性的科学核心知识，提高观察实验的能力，还能链接幼儿的已有经验，讨论磁铁在生活中的运用，从而发展表达交流的能力。

从以上案例不难看出，解读绘本是教师利用绘本的科学核心知识顺利开展科学活动的第一步。因此，教师可以从辨析绘本所涉及的科学范畴出发，研究和把握绘本所蕴含的科学核心知识以及幼儿适宜的关键经验，最大限度地发挥绘本的科学教育价值。

二、聚焦幼儿经验，甄别科学活动内容

在分析绘本所蕴含的科学核心知识的基础上，教师要根据班级幼儿的兴趣、需要以及年龄发展特点，对这些科学核心知识进行进一步甄别和研判，从中选择具有探究价值和可操作性的适宜内容。

首先，要判断这些科学核心知识是不是幼儿感兴趣的、是否贴近幼儿的生活。其次，要分析这些科学核心知识是不是幼儿在现有发展水平上能理解和接受的、能否助推幼儿认知水平和探究能力的提升和发展。再次，要思考这些科学核心知识能否通过观察、比较、操作等多种探究方式来获得。

以绘本《影子是我的好朋友》为例，它以黑白对比的画面呈现一系列小朋友与影子做游戏的画面，给幼儿带来强烈的视觉冲击，从而感受影子的神奇变化。影子是幼儿在生活中常见的科学现象，他们常常在阳光下不经意间发现影子的存在，对影子充满好奇的同时也会对影子产生很多疑问："为什么会有影子？影子的变化和什么有关系？……"该绘本通过黑白对比的画面和简洁的说明，渗透了影子产生的条件和原理，以及影子的变化与光源位置、距离之间的关系等有关影子的科学核心知识，且对幼儿关于影子的疑问进行了形象具体的解释，能够满足幼儿的兴趣和探究欲望。教师可以依据《指南》中的发展目标设计适合不同年龄段幼儿的活动内容。如《指南》指出小班幼儿在探究能力方面的发展目标之一为"对感兴趣的事物能仔细观察，发现其明显特征"，教师可以从该目标出发，引导幼儿在户外探究中发现有光的地方就会有影子这一明显的科学现象、了解影子产生的基本条件。中班幼儿可以结合绘本中小女孩开展的影子探究实验，在观察、发现影子产生的条件的同时，通过与材料互动，大胆猜测影子形成的原因，再通过阅读绘本关于影子产生原因的说明验证自己的猜测。这符合《指南》中"能根据观察结果提出问题，并大胆猜测答案"的中班幼儿科学领域发展目标。大班幼儿科学探究的发展目标之一为"能探索并发现常见的物理现象产生的条件或影响因素"，因此，教师可以借助

绘本画面中影子的不同变化，引导幼儿通过观察、猜测、实验、记录等形式的探究，发现光源位置及其与物体间的距离对影子变化的影响。

可见，教师在把握绘本的科学核心知识的基础上，可以从幼儿的生活、兴趣入手，围绕问题选择适宜的活动内容，以《指南》为抓手，以探究为核心，让幼儿在探究的过程中主动建构科学领域关键经验。

三、辨析内容价值，选择适宜活动形式

幼儿园科学活动形式多种多样，主要包括集体科学活动、区域中的科学活动和生活中的科学活动。不同类型的活动有各自的特点。集体科学活动是教师根据幼儿园科学教育的目标，有计划、有目的地选择活动内容，提供相应的材料，面向全体幼儿开展的科学探索活动。① 其包括单独的一节“课”、主题系列活动，可以全班一起进行，也可以分小组同时进行。集体科学活动的任务重在帮助幼儿整理和扩展自主学习获得的经验，使幼儿的经验系统化，达到新的认知水平。区域中的科学活动是教师根据科学教育目标，投放一定的材料，鼓励幼儿通过自主选择和操作材料进行学习的活动，强调通过幼儿的个别化学习、操作性学习促进幼儿的自主学习和个性化发展。生活中的科学活动则是和幼儿在园一日生活紧密联系的科学领域探究活动，如自然角的饲养、种植、观察活动，以及餐后散步等环节偶发的科学活动，是对集体科学活动的有益补充。

当绘本内容确定后，教师可以按照绘本中科学内容的范畴寻找适宜的活动形式。

（一）生命科学范畴——以生活活动和集体科学活动为主

生命科学范畴包括生物的身体特征、生物的基本需求、生物的简单行为、生物的生命周期、生物的多样性、生物与环境的相互作用等方面的内容。幼儿对这些科学内容的理解是通过生活中与动植物的接触而逐渐建立

---

① 张俊，等. 幼儿园科学领域教育精要：关键经验与活动指导［M］. 北京：教育科学出版社，2021：101.

的，往往需要借助真实的种植或饲养活动来观察、了解。动植物的生长变化是一个缓慢、长期的过程，需要持续观察、发现，不是通过一次集体教学活动或者区域活动就能帮助幼儿获得相关的关键经验。因此，此类绘本中的科学内容更适合借助日常生活活动中的种植、饲养、观察活动开展。

部分生命科学类绘本内容也适合通过集体科学活动开展，作为对生活中的科学活动的补充、拓展和总结。例如，关于动植物生长变化的绘本内容，在种植、饲养活动的前期，可以通过集体科学活动引导幼儿围绕绘本内容讨论和设计种植、饲养方案；在种植、饲养过程中，可以利用绘本内容开展专门的集体科学活动，解决种植过程中遇到的问题；在种植、饲养结束后，可以借助绘本内容开展集体科学活动，帮助幼儿梳理和提升日常饲养和观察中获得的零散经验。

以绘本《蚯蚓的日记》为例，故事以日记的方式展开，介绍了蚯蚓的外形特征、生活习性和生存环境，引发了幼儿对蚯蚓的兴趣。幼儿提问："蚯蚓是不是就像绘本里说的没有脚呢？它为什么喜欢钻地呢？它的脸和屁股真的长得一样吗？它喜欢吃纸吗？……"对于幼儿在阅读绘本时产生的诸多疑问，教师可以采用集体科学活动的形式，引导幼儿思考和讨论可以通过什么样的方法来解决自己的问题。为了使幼儿的观察更有序、更有目的性，教师针对蚯蚓的外形特点，和幼儿讨论制订了观察计划：明确观察的工具——放大镜；掌握观察的方法——按照从整体到部分、从头到尾的顺序；呈现观察结果——制作观察记录本。此外，教师还可在集体科学活动的基础上，引导幼儿在日常生活中观察、喂养蚯蚓。如鼓励幼儿带上放大镜到菜园寻找蚯蚓，有序观察蚯蚓的外形特征，验证绘本中蚯蚓头尾一致的外形特征，关注蚯蚓身体的黏液、体节、刚毛等细节，运用简单的图示进行记录。针对蚯蚓是否爱吃纸的问题，在集体科学活动中，幼儿讨论设计观察实验计划，根据计划在蚯蚓经常出没的地方放上各种食物，进行持续观察，结果发现蚯蚓是杂食动物，喜欢吃腐烂的东西。此外，幼儿还可以在日常生活中对蚯蚓钻土的习性进行细致的观察，发现蚯蚓爬行的方式以及蚯蚓钻土后土壤的变化。通过日常生活的观察与实验探究，幼儿围绕蚯蚓设计实验、记录自己的发现、验证自己的猜测，实现绘本阅读与探究活动的有效结合，逐步积累与蚯蚓相关的较为系统的经验。

另外，针对某些不能通过种植、饲养活动进行感知的绘本内容，也可以通过专门的集体交流讨论活动进行学习。例如，幼儿在日常生活中积累了关于种子的外形特征及传播方式的零散的感性经验，但是他们对种子的外形特征、生长环境与传播方式缺乏系统的认识。因此，教师借助绘本《一粒种子的旅行》，在幼儿已有经验的基础上，引导幼儿观察画面中种子的外形、生长环境，大胆猜测种子的传播方式；回归绘本验证幼儿的猜测，并梳理出同类型种子传播方式的共性特点，启发幼儿迁移经验；在分类游戏中通过对种子图片的观察，让幼儿在观察、猜测、讨论、验证的过程中拓展知识经验，进一步了解植物的外形特征、特性与生存环境之间的适应关系。

（二）物质科学范畴——以集体科学活动和区域活动为主

幼儿的一日生活中，各种物质随处可见。物质科学范畴涉及物体与材料的特性、物体的位置和运动、声光电磁热等物理现象。对于这些看似深奥的科学内容，幼儿很难通过日常观察建构相关经验，必须在教师有目的的引导下通过实验操作来学习和获得。因此，物质科学范畴的内容适合通过集体科学活动或区域活动开展，而且常常某个内容既能开展集体科学活动，又适合幼儿在区域活动中探究。这时，需要教师对绘本内容进行分析：这个内容可否在区域活动中学习？如果可以，就没有必要开展集体科学活动。如果这个内容虽然可以在区域中学习，但有些独特的价值不能体现出来，那么也可以采用集体科学活动的形式，并且在活动设计中一定要将这个独特的价值挖掘出来。

以绘本《影子是我的好朋友》为例，故事包含影子的产生、变化以及影响因素等内容。影子是生活中常见的科学现象，在日常生活中幼儿能够发现各种各样的影子，对绘本中的手影游戏颇感兴趣。因此，教师可以在科学区中提供日常用品，引导幼儿在探照灯照射的幕布前自主玩各种各样的影子游戏。通过区域活动，幼儿可以积累关于影子变化的感性经验，进而对影子产生的条件、影响因素产生探究兴趣。但此时幼儿可能受限于经验积累和认知水平，大部分幼儿难以通过区域活动中的自主探究了解影子背后的科学原理。教师应适时组织集体科学活动，通过有目的、有方向的探究，提升幼儿的经验，帮助幼儿获得常见现象背后所蕴含的较为抽象的科学核心知识。例如，教师可以呈现绘本中小姑娘在墙上的影子，提出问题："你们能不能让小姑娘和收集来的材料的影子出现在墙上？"鼓励幼儿尝试用小姑娘纸偶、玩具等材料以及手电筒，让不同材料的影子出现在墙上，让幼儿在探究影子形成的过程中发现有光的地方会产生影子，并在之后分享交流的过程中，借助绘本上生动具体的画面和文字加以说明和概括，让幼儿对影子形成的原因有更清晰的认识与理解，充分体现集体科学活动的有效性。

（三）地球与空间科学范畴——集体科学活动、区域活动和生活活动皆适宜

地球与空间科学范畴的内容涵盖地球物质的特性、天气和气候、太阳与月亮的活动、地球与人类的活动等方面。幼儿的生活中处处充满了与之相关的探究内容，如玩游戏时的沙水、种植园里的土壤、看不见的空气、变化的天气、四季的轮回、昼夜的更替等。地球物质特性的探究常常需要辅以动手操作，如通过玩沙水游戏感受沙和水的特性、玩充气游戏感受空气的流动等。关于天气和气候、太阳与月亮的活动、地球与人类的活动等相关经验，则更多是在生活中观察和感知。因此，地球与空间科学范畴的绘本内容适合以集体科学活动、区域活动和生活活动的形式开展，教师要根据绘本内容的探究价值和实际活动需要进行选择。

以绘本《我来播报今天的天气》为例，幼儿通过日常的观察，发现天气有晴天、阴天、雨天这些明显的变化，但是对于天气包含哪些方面、用什么办法能够观测天气的变化不太了解。教师可以通过集体科学活动，与幼儿在共读绘本的过程中，让幼儿了解可以通过观察温度、风、云、雨感知天气的变化，将复杂的气象学内容转化为幼儿能够理解的内容。同时，教师可以提供风车、温度计等工具以及记录幼儿穿衣数量的统计表，引导幼儿学习观察天气、测量温度的方法，为幼儿探究天气的变化提供指引。天气是变化无常的，对于天气的观察不应局限于集体科学活动，应该拓展到对日常生活中天气的常态观测。幼儿可以运用在集体科学活动中习得的经验和方法，关注日常天气的变化，如：在区域活动中使用温度计测量温度，记录每天幼儿穿衣的数量，自制天气报告书；在日常生活中有意识地观察天空的云、感知户外的风、发现植物的变化，在自然的情境中丰富观察的途径和对象，多元感知天气的变化，体会天气的变化给人们和动植物

带来的影响；等等。

需要注意的是，不同内容范畴的绘本融入科学活动中需要有所侧重地选择活动形式，但并不意味着根据某类绘本设计科学活动时只能采用特定的活动形式开展。事实上，幼儿是在丰富多彩的学习活动中逐渐深入理解和获得科学经验的。不同的活动形式均有其独特的价值，同样的科学内容采用不同的活动形式能获得不同的成效。而且，通常某个绘本所蕴含的科学核心知识不是通过一次活动就能让幼儿完全掌握的，需要综合利用各种活动形式互为补充。因此，教师要避免机械僵化地将某类科学绘本与特定的活动形式对应，而应根据绘本内容的类型、幼儿的学习特点和不同活动的内在价值，选择适宜的活动形式。

四、巧用呈现方式，提升活动成效

在基于绘本开展的科学活动中，绘本作为重要的载体和资源有不同的呈现和运用方式。

（一）绘本为引，导入活动

一些故事类绘本会借助生动的故事情节展开对科学内容的介绍。活动中，教师可利用绘本中的问题情境引入活动，激发幼儿对科学探究的兴趣与热情。一些非故事类绘本蕴含的科学知识内容丰富、信息量大，教师可以选取绘本中某个或某些内容为切入口，引出教学活动内容。活动结束后，绘本可以作为延伸内容，投放到区域中，供幼儿利用游戏时间自主阅读。

以绘本《美丽的螺旋》为例，这是一本说明性的绘本，向幼儿展示了各种各样的螺旋，引导幼儿感受螺旋纹路的优美。由于涉及螺旋的种类众多，纹路展现形式多样、用途广泛，绘本涵盖的内容丰富，活动前教师引导幼儿进行了前期阅读。在活动的导入环节，教师结合绘本的内容引导幼儿分享交流阅读经验，再以螺旋的外形特征为切入点引发幼儿感知螺旋，并鼓励幼儿运用各种方式表征螺旋，最后师幼共同交流螺旋的特点及其作用。在活动结束后，教师可继续引导幼儿再次阅读绘本，重点了解螺旋的作用，帮助幼儿梳理整合并进一步丰富幼儿有关螺旋用途的经验。

（二）绘本为主，层层深入

如果科学绘本内容简短，都是围绕某个事物或现象展开，生动易懂，教师便可以绘本自身的故事线索或逻辑线索为主线开展活动，将绘本阅读和科学探究有机融合。常见的活动设计流程是："阅读绘本，引出问题"—"幼儿探究，寻找答案"—"回归绘本，验证答案"。幼儿动手探究是活动的重点，绘本内容贯穿始终。一般情况下，活动结束时也完成了绘本阅读。

例如，绘本《有魔法的草坪——凹凸镜》① 讲述了蚂蚁丁丁和点点以为草坪有魔法，会把自己的胳膊和腿变粗，或者把自己变得和芝麻一样小，直到蝴蝶告诉它们其实是凹凸面镜有让它们"变大"或"缩小"的魔力的故事。在设计活动时，首先，教师以绘本中的故事情境导入，引发幼儿产生对"蚂蚁丁丁的胳膊和腿怎么变粗了"这一问题的兴趣；接着，教师引导幼儿通过操作凸面镜了解凸面镜的成像特点；然后，教师结合"魔法草坪把蚂蚁点点变小"的故事情节，引导幼儿初步了解凹面镜成像的特点；最后，教师出示绘本，引发幼儿继续探索及阅读绘本的兴趣。活动由绘本引入，层层递进，最后回归绘本。

（三）绘本为基，铺陈经验

对于有些信息量较大的科学绘本，可以将绘本阅读前置，通过开展专门的阅读活动引导幼儿自主阅读，让幼儿初步了解绘本内容，作为科学活动的前期经验。活动中，教师先和幼儿共同回顾、梳理绘本的关键内容，接着引导幼儿对绘本中蕴含的科学核心知识进行实验、操作验证，或者利用这些经验进一步操作、探究，这样可以避免活动中因为阅读绘本时间过长而缩短了幼儿的操作时间。

例如，绘本《蚯蚓的日记》生动地讲述蚯蚓的快乐生活，涵盖了与蚯蚓相关的科学核心知识。由于绘本容量大，教师在活动前建议家长与幼儿

---

① 绘本《有魔法的草坪——凹凸镜》中的凹凸镜实为凹面镜和凸面镜，故全书除绘本书名外的"凹凸镜"均表述为"凹凸面镜"。

进行亲子阅读。集体科学活动中，教师结合思维导图，引导幼儿梳理绘本的内容并了解蚯蚓的外形特征、生活习性。根据幼儿的兴趣，教师引导幼儿制订观察计划，呈现观察内容、使用的工具以及方法，便于幼儿在区域活动和日常生活中结合计划进行有目的的观察与探究。

（四）绘本为据，提升经验

有时绘本还可以作为活动总结的资料和依据，帮助幼儿梳理和提升经验。

例如，在大班科学活动“种子旅行记”中，活动前幼儿收集了各种各样种子的图片，初步了解种子的外形特征和生长环境。活动中教师展示幼儿收集的资料，鼓励幼儿在小组中进行交流分享，引发幼儿大胆猜测种子的传播方式，再借助绘本《一粒种子的旅行》，用思维导图将种子的三种传播方式归类梳理，促进幼儿对种子传播方式的认识与理解，感受大自然神奇的力量。

综上所述，教师应基于幼儿的视角，紧抓绘本中的科学核心知识，将绘本阅读与科学活动有机融合，依托绘本开展丰富多彩的科学活动，让幼儿在感受绘本魅力的同时发现身边的科学，走进自然，探索世界。

实践篇

SHIJIAN PIAN

绘本《我们身体里的“洞”》相关活动设计

图 1-1 《我们身体里的“洞”》封面

绘本内容简介

绘本《我们身体里的“洞”》借助简单易懂的卡通插图、简洁有趣的语言，生动地描述了人体中的各种“洞”及其作用，帮助幼儿更好地了解身体的秘密。绘本首先由生活中的下水道入口、浴室莲蓬头、隧道引入，随后介绍了鼻孔、嘴巴、耳朵等人体的“洞”及其作用，最后得出结论“身体里的‘洞’要做的事情都不一样，但都非常重要”。

基于绘本的活动设计思路

《我们身体里的“洞”》是一本生命科学范畴的绘本，蕴含了生命科学核心概念中适合3～4岁幼儿掌握的科学知识——人体的外部特征及各部位的作用。《幼儿园教育指导纲要（试行）》中指出：“科学教育应密切联系幼儿的实际生活进行，利用身边的事物与现象作为科学探索的对象。”自己的身体是幼儿最为熟悉的事物，但小班幼儿对于身体的认识仍然比较粗浅和零散，对于五官的“洞”比较熟悉，对“肚脐眼”“嘘嘘洞”“嗯嗯洞”较少关注。因此，教师以该绘本为载体，设计了小班集体科学活动“身体里的‘洞’”。

“身体里的‘洞’”以集体科学活动的形式开展，借助绘本部分画面内容，充分利用游戏化的形式，帮助幼儿了解人体中各种“洞”的作用、萌发初步的自我保护意识，引发幼儿进一步探索身体奥秘的兴趣和热情。活动共分为三大环节：第一环节，师幼共同分享在生活中找到的洞及其作用，充分引发幼儿对“洞”的关注和兴趣，为后续学习做铺垫。第二环节，寻找身体里的“洞”，初步了解身体里的“洞”的作用。本环节先鼓励幼儿自主探索，在记录纸上标记出身体里的“洞”，再结合绘本画面、课件、引导幼儿分享交流对于身体里的“洞”的作用的认识。第三环节，结合猴博士录音和游戏“洞洞分一分”，引导幼儿进一步探索与发现，萌发保护身体里的“洞”的意识，了解一些自我保护方法。

身体里的“洞”（小班）

活动目标

- 初步了解身体里的“洞”及其作用，体会发现身体秘密的乐趣。
- 萌发保护身体里的“洞”的意识，了解一些自我保护的方法。

活动准备

· 经验准备：幼儿已经知道身体有哪些部位；幼儿事先寻找生活中的“洞”，并用照片记录；幼儿初步了解生活中的“洞”的作用。

· 材料准备：绘本《我们身体里的“洞”》，课件“身体里的‘洞’”，“身体里的‘洞’”记录纸（参见图 1-2），笔，全身镜若干。

· 环境创设：将全身镜摆放在场地四周，方便幼儿照镜子。

图 1-2 “身体里的‘洞’”记录纸

活动指导

一、借助课件，师幼共同交流分享生活中找到的“洞”。

1. 经验导入。

引导语：小朋友们，这段时间我们都在寻找生活中的“洞”。在生活中，你们发现了哪些“洞”？这些“洞”有什么用？

2. 播放课件，根据幼儿的回答，出示相应的“洞”的照片。

小结：我们的生活中有各种各样的“洞”，它们都有自己的用处。

二、引导幼儿寻找身体里的“洞”，初步了解“洞”的作用。

1. 出示“眼睛洞”，提出问题，引发幼儿猜想和讨论。

引导语：老师也带来两个洞（出示课件第 2 页）。你们猜，这是什么洞？（鼓励幼儿大胆联想、猜测。揭晓答案时，点击课件上的两个黑洞，将两个黑洞变成小人的眼睛。）我们的身上除了“眼睛洞”，还有没有其他

“洞”呢？

2. 引导幼儿寻找身体里的“洞”，并在“身体里的‘洞’”记录纸上做出标记。

引导语：今天老师给你们带来了一个小朋友。我们找一找这个小朋友的身体上哪里有“洞”，把它们画出来。你们在找“洞”的时候，可以观察一下旁边小伙伴的身体，还可以走到镜子前去照一照、找一找。

3. 结合课件分享交流，引导幼儿有序地寻找身体里的“洞”，了解“洞”的作用。

引导语：你们在身体里找到了什么“洞”？它们有什么本领？让我们从上到下找一找吧！

引导幼儿按照从上往下的顺序寻找，并将幼儿找到的“洞”在课件小人的身体上点出来。讨论每个“洞”的作用时，出示绘本中相应的画面。

三、播放课件中“猴博士”讲话的录音，结合游戏“洞洞分一分”，引导幼儿进一步了解身体里的“洞”，萌发保护身体里的“洞”的意识。

1. 播放“猴博士”的录音，引导幼儿进一步了解身体里的“洞”。

猴博士：小朋友们，你们知道吗？我们身体里有许多“洞”。除了有“眼睛洞”“耳朵洞”“鼻子洞”“嘴巴洞”之外，还有很多藏起来的“洞”。比如，有藏在肚子上的“肚脐洞”，有用来小便的“嘘嘘洞”，还有用来放屁和拉臭臭的“嗯嗯洞”。“肚脐洞”“嘘嘘洞”“嗯嗯洞”是我们身体的秘密，我们要保护好它们，不能随便让别人碰哦！

引导语：“猴博士”告诉我们，身体里还有哪些“洞”，它们有什么用？（根据幼儿的回答，出示绘本中相应的画面。）

2. 讨论如何保护身体里的“洞”。

引导语：“猴博士”说哪些“洞”要藏起来？为什么？哪些“洞”是露在外面的？要怎么保护？

3. 玩游戏“洞洞分一分”，引导幼儿巩固保护身体里的“洞”的意识。

引导语：哪些“洞”要藏起来，哪些“洞”可以露出来？请把要藏起来的“洞”，藏进小人的身体里。

游戏玩法：教师请个别幼儿操作课件，点击画面下方需要藏起来的“洞”的图标（参见图 1-3）。幼儿操作完毕后，教师点击动画按钮，剩余的五官的“洞”立即出现在小男孩脸上。

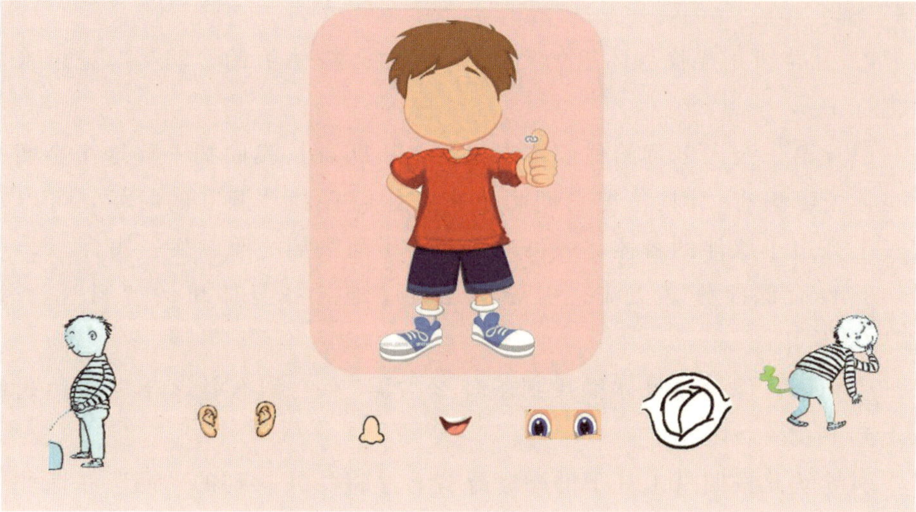

图 1-3　课件画面

4. 小结：在我们的身体里有这么多的“洞”，它们都有自己的作用。我们要保护好它们。特别是那些藏在衣服里的“洞”，更要保护好，不能随便让人看，不能随便让人碰。

四、出示绘本封面，引发幼儿阅读绘本的兴趣。

引导语：今天我们找到了身体里的“洞”的秘密。这些秘密都藏在这本《我们身体里的“洞”》的绘本里。你们可以到语言区看一看，找找绘本里还有没有其他的“洞”，看看它们又有什么用处。

活动建议

· 本活动需要幼儿进行简单的操作与记录，建议放在小班下学期期末开展，以便幼儿能更好地遵守操作的要求和规则。

· 活动内容比较丰富，教师应主次分明，重点突出，合理把握活动节奏以及合理分配各环节的时长。活动重点在于第二环节“引导幼儿寻找身体里的‘洞’，初步了解‘洞’的作用”。第三环节的“2”“3”，也可以延伸到生活活动或其他集体教学活动中完成。

· 在分享交流身体里的“洞”的作用时，可以结合一些游戏，既能让幼儿亲身体验，又能增强活动的趣味性。例如，讨论“眼睛洞”时，可以让幼儿把眼睛闭起来，体验看不见东西时的感受；讨论“鼻子洞”时，可以让幼儿闻各种味道，也可以让幼儿深呼吸；讨论“耳朵洞”时，可以让幼儿来一次对声音的探究，寻找听到的声音；等等。

· 绘本中的“汗毛孔”和“婴儿‘洞’”对于小班幼儿来说较难理解，活动中可以略去，让幼儿在自主阅读中发现这两种“洞”，鼓励感兴趣的幼儿和爸爸妈妈一起进一步探究。

· 五官的“洞”可以适当结合游戏进行体验。“肚脐洞”的作用离幼儿生活经验较远，可以借助视频进行理解。

活动延伸

· 区域活动：将绘本投放到语言区，引导幼儿自主阅读绘本，了解更多关于身体里的“洞”的秘密。

· 家园共育：请家长和幼儿继续寻找生活中的“洞”，了解更多“洞”的作用。

绘本《花园里有什么》相关活动设计

图 2-1 《花园里有什么》封面

绘本内容简介

绘本《花园里有什么》中有一个美丽的花园，花园里不仅有丁香花、金盏菊、椰子树和许多奇妙的事物，还有许多小秘密——有时看得到、有时看不到的动植物，还有一些真的看不见的东西。

基于绘本的活动设计思路

《花园里有什么》是一本生命科学范畴的绘本。它就像温柔的少女在你耳边轻吟，告诉你关于大自然的秘密。大自然对幼儿具有极大的吸引力，不论是看得见的花草树木，还是躲在草丛下的小动物，抑或含苞待放的花骨朵儿，都能让他们兴奋不已。幼儿通过阅读绘本，可以了解生物的多样性，如大自然里有各种各样的花草树木和不同的小动物；可以感受到生命的生长，如嫩嫩的绿芽、漂亮的花和快要长出来的小树，它们都在努力地长大，终有一天会被大家看见。值得一提的是，“看得到的是什么？”“看不到的是什么？”这两个问题贯穿了整本绘本，引导幼儿去观察看得到的东西，同时又引导幼儿去思考和发现存在但又看不到的东西。这为幼儿插上了想象的翅膀。

教师在开展活动之前要帮助幼儿做好前期的经验准备，在平时的生活中引导幼儿关注身边的事物——树叶背后、草丛下面的世界，花苞里面藏着的东西，地底下的神秘生物。教师应鼓励幼儿去观察平时容易忽略的地方，让他们感受到专注思考、细致观察、勇于探索后发现新奥秘的惊喜。教师据此设计了小班集体科学活动“寻找花园里的秘密”，引导幼儿关注身边的自然环境。活动的开始部分通过梳理绘本内容，让幼儿欣赏绘本中诗画一般的花园；接着，幼儿在户外自由观察中发现原来绘本中花园里的美丽景色就在自己身边。活动结束就代表寻找结束了吗？不是的！寻找还在继续，探究永远在路上。

寻找花园里的秘密（小班）

活动目标

- 学习通过不同的方式感受和观察自然环境，感受自然的美。
- 乐意表达自己在花园里的发现。

活动准备

• 经验准备：幼儿已阅读过绘本《花园里有什么》，了解绘本的具体内容。

• 材料准备：绘本《花园里有什么》、儿童手套、铲子、空白记录纸等。

活动指导

一、绘本导入，梳理用感官感知自然的方法。

1. 回顾绘本内容，通过问题梳理内容。

引导语：小精灵在花园里可以看到什么？什么是看不到的？花园里哪些东西在地面上，哪些东西在地底下？什么东西有时看得到，有时看不到？

小结：在花园里可以看到丁香花、酢浆草和椰子树，看不到花草的清香和凉凉的微风。在泥土里的东西也看不见，有植物的根、小蚂蚁的家，还有在睡觉的蝉。躲在树叶下和草丛里的小动物有时看得到，有时看不到。

2. 以图示（参见图 2-2）的方式梳理用感官感知自然的方法。

引导语：怎样才能发现看不见的东西呢？对啦！我们可以用鼻子闻出花朵淡淡的花香，用耳朵听见小虫“铃铃”的叫声，用小脸感受凉凉的风。我们还可以用手拨开树叶，发现可爱的毛毛虫。原来我们用眼睛以外的身体部位认真地去感受，还能发现更多大自然的秘密。

图 2-2　感官图示

二、引导幼儿前往幼儿园的花园观察，寻找感兴趣的事物。

1. 引导幼儿在花园中自由观察发现，并在纸上记录。

引导语：现在就让我们带上记录纸，一起去发现花园里的秘密吧！

指导要点：不过多地介入，引导幼儿细致地观察和感受。教师可以采用拍照或录像的形式记录幼儿的探究过程。

2. 幼儿与同伴分享自己的发现。

引导语：小朋友可以和同伴说一说你的发现。

三、借助多媒体（视频、照片），引导幼儿分享交流自己的发现。

引导语：谁愿意来分享一下你发现了什么？你是怎么发现的？

小结：我们幼儿园的花园里有高高矮矮的树、各种各样的菜、五颜六色的花、大片的草地，草地上还有不知道名字的小草，翻开草丛还能看到小昆虫呢！

四、拓展延伸，引发幼儿进一步探究。

引导语：这本绘本告诉我们在花园的地底下还藏着秘密。我们下次再去找一找吧！

活动建议

· 本活动建议以半日活动的形式开展，给予幼儿充足的观察时间和交流讨论时间。活动场地可以是幼儿园的花园或种植园。看见只是单纯的看，观察和感受却不一样，幼儿可以通过不同的感官感知世界、探索世界。教师可以引导幼儿观察花是什么颜色的、这棵树掉落的叶子多吗、掉落的叶子是什么颜色的等事物的明显特征；可以引导幼儿用听觉、触觉、嗅觉去感知身边的东西，比如风吹到脸上是什么感觉、土摸起来是什么感觉、花香是什么味道的等。

· 教师通过本活动启发幼儿探索大自然，之后可以在区域活动、日常生活中引导幼儿继续对大自然和身边的花草树木进行观察和探索。

活动延伸

· 生活活动：利用餐后散步环节，引导幼儿借助工具探索花园地底下的秘密。

· 家园共育：建议家长与幼儿一起在户外活动时，引导幼儿运用各种感官感知大自然中的动植物。

绘本《变色鸟》相关活动设计

图 3-1 《变色鸟》封面

绘本内容简介

绘本《变色鸟》讲述了一只白鸟吃彩色果子变色的有趣故事。当白鸟分别吃了红、黄、蓝的果子就长出相应颜色的羽毛；当它又吃下几种颜色的果子时，就成了一只彩色的鸟。可是，在它继续吃了更多颜色的果子之后，它却变成了一只黑鸟。黑鸟唱出彩色的音符，把大地变成了五彩缤纷的世界。

基于绘本的活动设计思路

绘本《变色鸟》在故事中巧妙地渗透了“不同颜色混合会产生其他颜色”的内容，故事蕴含着三原色混合变色的科学核心知识。对于小班幼儿，色彩的变化是他们很感兴趣的探究内容。依据幼儿“做中学”的探究式学习特点，教师以该绘本为载体，设计了小班集体科学活动“颜色变变变”，引导幼儿通过与材料互动，初步感知颜色变化的奥秘，体会科学探究的乐趣。活动首先通过回顾绘本导入，提出“让小鸟变色”的问题；接着教师创设给小鸟宝宝喂果子的游戏情境。第一次游戏旨在引导幼儿感知一种颜色在水中的变化。第二次游戏引导幼儿进一步感知发现红、黄、蓝三色两两混合产生的变化。活动以绘本《变色鸟》的故事情境为外部线索，引导幼儿在故事情境中操作并感知颜色混合所发生的色彩变化过程，最终达成活动目标。

颜色变变变（小班）

活动目标

· 初步感知颜色溶于水后的变化以及红、黄、蓝三色两两混合会变色的现象，愿意表达自己的发现。

· 感受色彩变化的神奇和有趣。

活动准备

· 经验准备：幼儿阅读过绘本《变色鸟》，认识红、黄、蓝三种颜色，有拧瓶盖的经验。

· 材料准备：装饰成变色鸟外形的透明水瓶（“小鸟宝宝”，参见图 3-2），红、黄、蓝三色贴纸，三色树（参见图 3-3），盘子，果子（分别裹上红、黄、蓝三色颜料的泡沫玉米粒）。

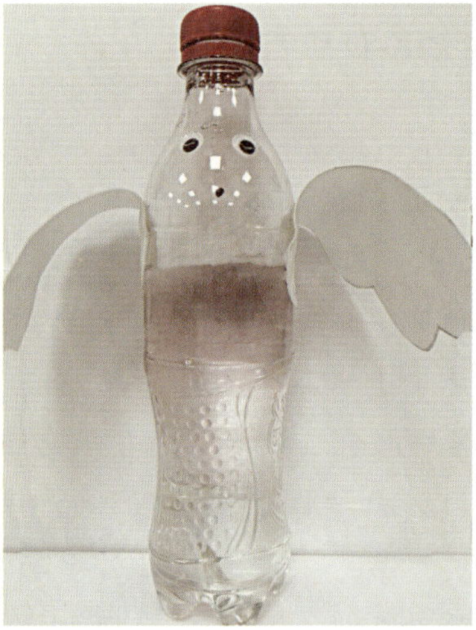

图 3-2　装饰成变色鸟外形的水瓶

图 3-3　三色树

- 环境创设：布置树林的场景。

活动指导

一、绘本导入，激发幼儿的兴趣。

引导语：小朋友们，你们还记得变色鸟的故事吗？树林里飞来了一只白鸟，白鸟落在树枝上，吃了红果子长出了红羽毛，吃了黄果子长出了黄羽毛，吃了蓝果子会长出什么颜色的羽毛呢？

二、引导幼儿第一次给“小鸟宝宝”喂果子，初步感知一种颜色在水中的变化。

1. 提出问题，引发猜想。

引导语：白鸟吃了蓝色的果子就会长出蓝色羽毛，这真是一只神奇的变色鸟。如果你也有一只小鸟，你想喂小鸟宝宝吃什么颜色的果子呢？你觉得它会变成什么颜色？

2. 提出操作要求。

引导语：这里有一棵三色树，请你们到树上摘一颗有颜色的果子，放在盘子里。接着，拧开瓶盖，帮助“小鸟宝宝”张开嘴巴，把果子喂给“小鸟宝宝”，然后拧紧瓶盖，让“小鸟宝宝”的嘴巴闭紧。最后，请上下摇一摇“小鸟宝宝”，看看会不会变成你想要的颜色。“小鸟宝宝”吃了什么颜色的果子，就在它身上贴上相应颜色的贴纸。（参见图 3-4）

图 3-4

3．交流与分享。

引导语：你的“小鸟宝宝”吃了什么颜色的果子？变成了什么颜色？（“小鸟宝宝”吃了红色的果子，就变成了红色的“小鸟宝宝”。）请红色“小鸟宝宝”一起飞一飞，转一转吧！

小结：原来这只透明的“小鸟宝宝”吃了什么颜色的果子就变成了什么颜色的“小鸟宝宝”。

三、引导幼儿第二次给“小鸟宝宝”喂果子，进一步感知发现红、黄、蓝三色两两混合产生的变化。

引导语：这果子的味道可真好，“小鸟宝宝”还想再吃一颗其他颜色的果子。

1．幼儿猜测。

引导语：“小鸟宝宝”刚才吃了红色的果子变成红色，现在想再吃一颗其他颜色的果子。如果喂它吃一颗黄色的果子，“小鸟宝宝”会再变色吗？

2．提出操作要求。

引导语：请给“小鸟宝宝”喂一颗其他颜色的小果子，并在它身上贴上相应颜色的贴纸。飞一飞，转一转，看看你的“小鸟宝宝”会变成什么颜色。

3．交流与分享。

引导语：你第一次喂了“小鸟宝宝”什么颜色的果子？第二次喂了什么颜色的果子？现在“小鸟宝宝”是什么颜色呢？

小结：原来两种颜色混到一起会变成另一种颜色。

四、颜色分类，活动自然结束。

引导语："小鸟宝宝"今天吃了不同颜色的果子，变出了各种颜色，可真神奇！现在"小鸟宝宝"要飞回家休息了，你的"小鸟宝宝"是什么颜色，就把它送回到什么颜色的家里吧！

活动建议

· 建议选矿泉水瓶装饰成"小鸟宝宝"的造型，既满足了活动需要又环保易得。在瓶身加上翅膀，一是让小鸟的形象具体可感，二是幼儿需要挥动翅膀（即上下摇晃瓶身）才能让"小鸟宝宝"变色，引导幼儿关注动作所产生的结果。

· 需要通过摇动瓶子才能使果子上的颜料充分混合变色，透明的矿泉水瓶这一教具能够较好地帮助幼儿在游戏情境中观察颜色变化。因此在提问环节教师可以有意识地提问"你是怎么让'小鸟宝宝'变色的?"，发展幼儿"关注动作所产生的结果"这一观察实验能力。

· 教师的提问应该凸显科学活动"启疑"的特质。第二环节当幼儿迁移绘本经验觉得吃了什么颜色的果子就会变成什么颜色的"小鸟宝宝"时，教师可通过提问"真的是吃了什么颜色的果子就会变成什么颜色的'小鸟宝宝'吗?"，同时留给幼儿思考的时间，启发幼儿学习思考和质疑。

· 记录作为科学操作技能中非常重要的一种能力，应该引起教师重视。小班幼儿如果需要记录，只需让幼儿做上简单的标记即可。本活动采用吃了什么颜色的果子就给"小鸟宝宝"贴上什么颜色的贴纸的形式来帮助幼儿记录。在分享交流环节，幼儿可根据"小鸟宝宝"身上的贴纸颜色来表达"小鸟宝宝"吃了什么颜色的果子，变成了什么颜色。

活动延伸

· 区域活动：在科学区继续投放颜料、水、透明瓶子等材料，让幼儿尝试进行不同颜色的混合。

绘本《了解空气：100 元的空气袋子》相关活动设计

图 4-1 《了解空气：100 元的空气袋子》封面

绘本内容简介

《了解空气：100 元的空气袋子》是一本有关空气知识的绘本。绘本里，猴小弟用 10 元钱从猪老哥那里买了一个可以吹出风的空气袋子，可当猴小弟回家后，发现空气袋子瘪了，没有风了。后来在欢欢兔的帮助下，空气袋子在靠近燃烧的火炉时成功地飞起来了。猪老哥看见空气袋子这么好，又花 100 元钱将空气袋子买回去。空气是看不见、摸不着的。绘本通过故事生动地展示了空气在不同气压中流动、空气受热变轻等现象。

基于绘本的活动设计思路

绘本《了解空气：100 元的空气袋子》中描述了空气的流动、空气受热变轻等科学核心知识。因此，教师以该绘本为载体，设计了小班集体科学活动“我和空气一起玩”，引导幼儿通过用塑料袋装空气、给皮球打气等探索活动，用眼睛、皮肤、耳朵感知空气的存在，体验空气看不见、摸不着的特性，让幼儿懂得空气在我们的身边。

我和空气一起玩（小班）

活动目标

- 用多种感官感知空气的存在，喜欢参与探究活动。
- 知道我们周围有空气，空气是看不见、摸不着的。

活动准备

- 经验准备：在日常生活中，通过呼吸、皮肤触觉等，让幼儿感受空气，对空气有一定的感性经验。
- 材料准备：绘本《了解空气：100 元的空气袋子》，透明塑料袋、皮球、气球、吸管、打气筒等操作材料。

活动指导

一、出示并阅读绘本第 2～13 页，引出空气的话题。

引导语：空气袋子里装了什么？为什么风不见了？

二、玩游戏“找空气”，引导幼儿感知空气的存在，知道空气看不见、摸不着。

1. 幼儿尝试用塑料袋装空气，用多感官感知空气的存在。

引导语：我给大家准备了透明塑料袋，你们能用它装空气吗？你们会怎么做？

2. 分享交流，了解空气是看不见、摸不着的。

引导语：塑料袋变得怎么样？你们用了什么办法让塑料袋变得鼓鼓的？这里边有什么？打开塑料袋，你们感觉空气溜出来了吗？你们能听到空气溜出来的声音吗？让空气溜到你们的手上、脸上、耳朵上，你们能抓住它吗？

小结：我们用了吹气、抖一抖的办法让塑料袋变得鼓鼓的，这里边全是空气。空气溜出来的时候我们看不见也摸不到，但我们的皮肤上有凉凉的感觉，我们的耳朵可以听到“嗞嗞”的声音。

三、迁移经验，进一步体验空气的存在。

1. 幼儿自主选择材料，发现空气无处不在。

引导语：你们发现空气藏在哪里？你们能用其他材料找到空气吗？

2. 分享交流，用语言描述自己的发现。

引导语：我们看不见空气也摸不到它，那么你们是怎么知道空气的存在的？

小结：空气藏在皮球肚子里，拍打有气的皮球时会发出“嘭嘭”的声音；空气藏在气球肚子里，有了气的气球鼓鼓的；空气藏在吸管里，用嘴巴一吹，感觉凉凉的；空气藏在小朋友的腮帮子里，一吐气就发出“噗”的声音。有了空气，让玩耍变得更有趣、有意思。

活动建议

· 本次活动的重点就是引导幼儿在操作材料时感受空气的存在，因此要给幼儿充足的时间操作不同种类的材料，调动多种感官充分感受空气的存在。由于小班幼儿具有直觉行动思维的特点，在幼儿玩的时候，教师应引导幼儿边操作边思考，如：“你在玩的时候发现了什么？你有什么感受？”

· 活动结束后，可以带着幼儿继续寻找身边的空气，例如试着吹泡泡、提供充气的工具让幼儿尝试给轮胎充气等，继续探索空气的秘密。

活动延伸

· 区域活动：在科学区投放打气筒、针筒、风筝等材料，让幼儿继续通过探索感知空气的存在。

· 家园共育：亲子阅读绘本后半部分，继续了解空气受热变轻等科学知识，并围绕“如果没有空气，我们的生活会怎样？”这一话题进行交谈，了解空气对人类的重要性。

绘本《拓拓是分离混合物的高手》相关活动设计

图 5-1 《拓拓是分离混合物的高手》封面

绘本内容简介

绘本《拓拓是分离混合物的高手》以主人公拓拓帮助童话王国中的角色分离各种混合物为线索，带领幼儿探索物质世界。童话王国中的很多角色遇到了困难：小女孩“黑豆鼠”不知道怎么分开黑豆和小米；青蛙没办法在漂满油的池塘里游泳；兴夫大叔不小心将面粉和铁粉混在一起；毛驴不小心把盐撒路上了……热心又爱动脑筋的拓拓根据物质的不同特性用不同的办法帮助他们解决了问题。

基于绘本的活动设计思路

绘本《拓拓是分离混合物的高手》是一本关于物质科学的绘本。绘本将分离混合物的知识与童话故事相结合，引导幼儿从分离混合物的角度发现物质在大小、形状、轻重、质地等方面的不同。例如，拓拓之所以能将黑豆和小米用筛子分开是因为两者的大小不同；能用磁铁将铁粉从面粉中吸出来是因为二者的特性不同；能用橡胶吸管将油水分离是因为二者密度不同；等等。了解物体和材料的基本性质是幼儿进一步学习物质特性和功能的重要基础。通过阅读绘本，教师还可以鼓励幼儿积极思考，培养其解决问题的能力。因此，教师以该绘本为载体，设计了中班集体科学活动“分离混合物”和区域活动“分离油水混合物”“分离铁粉与面粉混合物”“分离泥水混合物”。

《指南》中指出：“幼儿科学学习的核心是激发探究兴趣，体验探究过程，发展初步的探究能力。”所以，为了让幼儿自主地思考和发现物质之间的不同，在活动“分离混合物”开展之前及活动的第一环节，教师没有将分离的方法告诉幼儿，而是将拓拓遇到的问题抛给他们。幼儿通过自己的思考，设计方案并收集所需的工具。在第二环节中，幼儿尝试用自己带来的工具分离黑豆和小米，从而发现漏勺和筛子是分离的好工具。但是在实验的过程中肯定会遇到新问题，如：为什么有的工具可以成功分离混合物，有的工具却把所有东西都筛下来了？在第三环节中，教师引导幼儿关注分离工具与混合物大小之间的关系，感受工具的适宜性。在活动的最后部分，教师结合绘本抛出新的问题“如何把油和水分离?”“如何分离铁粉和面粉?”“如何分离泥土和盐?”，引导幼儿通过区域活动“分离油水混合物”“分离铁粉与面粉混合物”“分离泥水混合物”继续探索和发现。

分离混合物（中班）

活动目标

- 知道颗粒大小不同的固体物质可以用筛子等进行分离。
- 学习运用适宜的工具分离不同的混合物。
- 能清楚地讲述自己的实验过程，喜欢探究和思考。

活动准备

• 经验准备：幼儿阅读过绘本《拓拓是分离混合物的高手》至第 5 页；幼儿知道什么是混合物；幼儿和家长一起收集分离工具并设计实验方案。

• 材料准备：孔眼大小不同的筛子、夹子、勺子、漏勺，四种混合物（黑豆和小米、面粉和小米、小米和黄豆、花生和黄豆），分离实验记录表（参见表 5-1）。

表 5-1　分离实验记录表

号数：________

活动指导

一、绘本导入，抛出问题，激发幼儿的兴趣。

1. 结合绘本第 4～5 页（参见图 5-2），师幼共同回顾绘本中的问题。

引导语：前两天，我们看了绘本《拓拓是分离混合物的高手》的前几页，我们一起来回忆一下。小女孩“黑豆鼠”遇到了什么困难？

图 5-2 《拓拓是分离混合物的高手》内文画面①

2. 幼儿分享分离混合物的方法。

引导语：怎样才能把黑豆和小米分开？你们能帮拓拓想办法吗？

二、引导幼儿初步尝试，发现使用筛子等有孔的工具能快速分离物质。

1. 介绍幼儿带来的工具，引导幼儿选择合适的工具分离混合物。

引导语：小朋友们收集了许多工具，老师给你们准备了黑豆和小米，你们去试试用什么工具可以又快又好地分离它们。

2. 幼儿分组进行黑豆和小米混合物分离实验，并记录。

3. 幼儿分享实验结果，教师梳理经验。

引导语：你们分离好了吗？用了什么工具？发现了什么？很多工具都能分离黑豆和小米，但是哪个工具能更快更好地分离它们？

小结：漏勺和筛子可以帮助我们更快更好地分离黑豆和小米。（出示绘本第 7 页）原来拓拓也是用筛子把黑豆和小米分开的。

三、引导幼儿再次尝试，探究工具上孔的大小与混合物大小之间的关系。

1. 抛出问题，引导幼儿关注工具的适宜性。

引导语：经过刚才的实验，小朋友发现筛子和漏勺能将黑豆和小米成功分离，但是其他工具却不能成功分离黑豆和小米，为什么呢？

2. 幼儿运用已有经验，选择合适的工具进行实验。

引导语：漏勺与筛子孔的大小不一样，它们适合分离什么东西呢？老师这里还有三种混合物需要大家帮忙分离。现在带着你的想法去试试吧！

3. 幼儿分享实验结果，教师结合绘本第 7 页梳理经验。

引导语：谁愿意来说一说你发现哪种工具适合分离什么混合物？什么东西留在了工具上，什么东西掉下去了？为什么会这样呢？

小结：比洞洞小的东西掉下去了，比洞洞大的东西留在了工具上，这样就能把两种东西分开了。原来只要我们注意观察工具上洞洞的大小和混合物的大小，就可以选出合适的工具来分离这些混合物。

四、引导幼儿思考不同类型混合物的分离方法，拓展延伸活动。

出示绘本第 8～9、12～13、16～17 页（参见图 5-3、图 5-4、图 5-5），抛出问题，引发幼儿进一步思考。

图 5-3 《拓拓是分离混合物的高手》内文画面②

图 5-4 《拓拓是分离混合物的高手》内文画面③

图 5-5 《拓拓是分离混合物的高手》内文画面④

引导语：拓拓又遇到想要分离油和水的青蛙、想要分离铁粉和面粉的兴夫大叔、想要从泥土里分离盐的卖盐大叔，用这些有洞洞的工具可以吗？如何把油和水分离？如何分离铁粉和面粉？如何分离泥土和盐？你们可以到区域里试一试。

活动建议

· 本活动需要幼儿在实验中分离混合物，那么，在前期准备中教师应该让幼儿充分感受和认识这些物质的大小、形状和特性，这样幼儿才能够选择合适的工具成功地将混合物分离。

· 分离实验能否成功关键在于工具的选择。教师在引导的过程中，要让幼儿注意观察和思考工具上孔的大小与混合物大小的关系，让幼儿通过自主操作发现工具的适宜性。例如，教师可提问：“什么东西留在了工具上，什么东西掉下去了？”

· 本活动中的“分离”在生活中有很多可供幼儿探索的内容，宜设计为集体科学活动、区域活动相结合的系列活动。

活动延伸

· 区域活动：在科学区继续投放有孔的工具，让幼儿进一步探索感受工具的适宜性；投放油水混合物、铁粉和面粉混合物、泥水混合物，引导幼儿尝试用新的方法将不同的物质分离。

分离油水混合物（中班）

活动目标

- 知道油和水是不相溶的，油比水轻，油会浮在水面上。
- 选择合适的工具分离油水混合物。

活动准备

- 油水混合物、纱布、纸巾、针筒、勺子、小铲子、容器、大盘子等。

活动指导

一、观察幼儿分离油水混合物的方法，如用勺子、针筒、纸巾等工具以舀或吸的方式分离油水混合物。

二、引导幼儿讲述自己的做法与发现，并思考：什么工具能快速分离油水混合物？

活动建议

- 本活动可以采用区域活动的形式开展。
- 将该活动延伸到家庭中，观察肉汤经过冰箱冷藏后的变化，拓展分离油水混合物的方法。

分离铁粉与面粉混合物（中班）

活动目标

- 知道面粉和铁粉都是粉末，不能用筛子分离。

· 知道磁铁吸铁的特性，会使用磁铁分离铁粉和面粉混合物。

活动准备

· 铁粉和面粉混合物，大小不同的磁铁，各种筛子、漏勺，大盘子。

活动指导

一、观察幼儿在使用有孔的工具分离铁粉和面粉时能否发现两者不好分离的问题。

二、引发幼儿对使用有孔的工具无法分离粉状混合物的现象进行思考：为什么铁粉和面粉都从筛子上漏下去了？

三、引导幼儿使用磁铁分离铁粉与面粉，并思考：为什么磁铁能轻松分离铁粉与面粉？

活动建议

· 本活动可以采用区域活动的形式开展。

分离泥水混合物（中班）

活动目标

· 知道泥土不能溶于水，泥水静置后，泥土会沉淀。

· 尝试与同伴合作，制作过滤杯并分离泥水混合物。

活动准备

· 泥水混合物、棉布、纱布、绒布、筛子、勺子、针筒、广口瓶、橡皮筋、大盘子等。

活动指导

一、观察幼儿分离泥水混合物的方法，如用勺子、针筒等工具以舀水或吸水的方式分离泥水混合物。

二、引导幼儿将棉布、纱布、绒布等材料覆盖在广口瓶上，并用橡皮筋固定，制作成过滤杯，将泥水混合物倒入过滤杯中分离泥水混合物。

三、引导幼儿讲述自己的做法与发现，并思考：为什么过滤杯能很快地分离泥水混合物？

活动建议

- 本活动可以采用区域活动的形式开展。

绘本《我来播报今天的天气》相关活动设计

图 6-1 《我来播报今天的天气》封面

绘本内容简介

绘本《我来播报今天的天气》以气象预报员布布播报天气展开。绘本根据布布每天播报的天气情况为幼儿科普了有关气象的科学知识，如什么是气温、风、云，它们是如何形成的，人们在不同的天气应当注意什么等。

基于绘本的活动设计思路

《我来播报今天的天气》是一本有关地球与空间科学的科普绘本。通过绘本，幼儿跟随天气预报员布布可了解天气的各种变化。绘本对生活中常见的温度、风、云、雨这些气象知识逐一进行生动有趣的介绍，将气象学的复杂概念转化为幼儿能够理解的内容。绘本中提到的内容如气温高低、天气情况、风力大小等，与幼儿的日常生活密切相关，但又是生活中容易被忽视的部分。幼儿观察和了解天气、气候、季节等现象，对于认识自己所生活的环境、主动适应环境，以及保护身体健康都有重要的意义。绘本的内容涵盖了天气的多个方面，对于中班幼儿来说想要在一次活动中就学习如此多的内容是比较困难的，因此教师从该绘本中提取出幼儿感兴趣的有关风的内容，设计了中班集体科学活动“制作风向标”，将如何制作风向标作为活动的重点。

活动前，幼儿通过阅读绘本，初步积累了有关风的经验，并收集了他们认为可以制作风向标的材料。活动中，教师通过布布迎风骑车很费力的问题情境，激发幼儿制作风向标的兴趣；通过“设计—制作—验证”的过程，引导幼儿在制作风向标的过程中发展探究能力；最后回归生活，运用风向标观测风并尝试进行记录。

制作风向标（中班）

活动目标

· 知道风向标是可以告诉我们风从哪儿来的装置，能够根据风向标箭头的指向判断风的方向。

· 尝试用不同的材料制作风向标，体验动手操作的乐趣。

活动准备

· 经验准备：幼儿阅读过绘本《我来播报今天的天气》，知道生活中有风的存在；幼儿了解风向标的基本构造，并事先收集制作风向标的材料。

· 材料准备：绘本《我来播报今天的天气》、透明胶带、铅笔、电光纸、泡沫塑料、卡纸、白纸、丝带、塑料袋、手摇风扇、号数贴等。

活动指导

一、绘本导入，引发幼儿思考。

1. 提出布布迎风骑车时遇到的问题，引发幼儿思考如何测风向。

引导语：布布发现在迎风骑车的时候很费力气。他想知道风的方向，可以使用什么工具？

2. 结合绘本，回顾关于风向标的经验。

引导语：风向标有哪些部分？如何用风向标判断风的方向？我们可以怎么制作风向标？

二、幼儿初步尝试制作风向标，探究哪些材料更适合做风向标。

1. 幼儿介绍自己收集的制作风向标的材料。

引导语：小朋友们收集了哪些制作风向标的材料呢？这些材料是不是都可以制作出风向标呢？

2. 师幼交流讨论制作风向标的步骤。

引导语：风向标有支撑杆和风标两个部分。制作风向标需要先找一个支撑杆，再选择一种合适的材料制作风标，用透明胶带将风标固定在支撑杆上。

3. 幼儿初步尝试制作风向标，并进行记录。

引导语：现在小朋友们先动手制作风向标，制作好后可以用手摇风扇来试一试风向标能否转动起来，然后将你的号数贴在你选择的材料下面。

4. 幼儿分享制作成果，教师梳理经验。

引导语：谁来分享一下自己的成果？你成功了吗？你是用什么材料制作的？

小结：风向标的风标要用柔软的材料制作才可以被风吹起来，才能测风向。

三、幼儿调整材料再次制作，体验成功制作风向标的乐趣。

1. 根据梳理的经验，幼儿调整材料再次制作。

引导语：刚才在制作的时候你们遇到了什么困难？可以怎么解决？

2. 幼儿分享制作结果，教师梳理经验。

引导语：你们都成功了吗？我们一起去户外帮布布用风向标测测风向吧！

活动建议

• 活动前要帮助幼儿积累有关风的经验。幼儿通过阅读绘本《我来播报今天的天气》产生了探究天气的兴趣，教师建议家长在家和幼儿一起通过多渠道了解有关风的知识、积累经验，如观看天气预报、阅读有关的绘本、在户外感知刮风时人体的感受等，为活动的开展打下基础。

• 倾听幼儿的想法，鼓励幼儿寻找多种适宜的材料制作风向标。活动中要尊重幼儿的意愿，并鼓励幼儿采用多种形式、多种材料制作风向标。教师通过绘本里天气播报员布布顺风时骑车容易、逆风时骑车难，想要测风向这一问题导入活动，激发幼儿探究如何用合适的材料制作风向标。在活动前幼儿收集了自己觉得适合做风向标的材料，活动中可以引导幼儿来说一说自己为什么要选择这种材料来制作风向标，这些材料有什么特点。教师要尊重幼儿的想法，引导幼儿思考除活动中所用到的工具以外，还可以运用哪些工具制作风向标，提高幼儿的想象力和创造力。

• 在活动中要给予幼儿充分表达的机会，鼓励幼儿进行“猜想—实践—验证”。在进行操作之前，引导幼儿说说自己想用什么材料制作风向标、可以怎么做。在幼儿操作时，观察他们是否采用刚才自己想到的办法、操作是否成功。如果幼儿在实验中遇到了困难，可以鼓励他们思考如何改变自己的操作方法。在活动中幼儿表达的形式可以多样，如个别交流、两两交流、集体交流等。在最后的集中分享环节，重点引导幼儿说出自己之前的设想和操作结果是否一致、有什么改动的地方。

• 引导幼儿通过制作风向标关注风的变化对人们生活的影响。幼儿的科学活动要源于生活并且回归生活。风和幼儿的生活密切相关，幼儿通过制作风向标感知风的方向和大小。教师还要注意引导幼儿在日常生活中有意识地关注风对我们生活的影响，学习根据风向标观察风的变化并采取相应的措施。

• 可以将幼儿制作的风向标投放到观察角，引导幼儿记录风向的变化。帮助幼儿了解天气和气候的一个重要方式是鼓励幼儿持续记录。教师可以和幼儿共同讨论及制订风向观察记录表，并在区域活动中引导幼儿使用自己制作的风向标来观察和记录每日风向，培养幼儿观察天气、系统记录的好习惯，从而更好地了解天气和气候对生活的影响。

绘本《嗝！哈啾！噗！》相关活动设计

图 7-1 《嗝！哈啾！噗！》封面

绘本内容简介

绘本《嗝！哈啾！噗！》中的主人公玛丽与小伙伴玩捉迷藏，可是小伙伴们藏得太隐蔽了，玛丽怎么找都找不着。后来玛丽通过仔细听，发现可以听到小伙伴们身体里发出的各种声音。根据这些声音，玛丽顺利地找到了所有的小伙伴。绘本以捉迷藏的有趣情境向幼儿介绍了身体发出的各种声音，以及这些声音背后蕴藏的生理现象。

基于绘本的活动设计思路

绘本《嗝！哈啾！噗！》用形象、生动的象声词，如“嗝！嗝！”“咕噜咕噜”“哧溜”等，向幼儿介绍了会让身体发出声音的各种生理现象以及这些生理现象传递的信息。中班幼儿对生活中各种物体发出的声音有一定的认识，但是不了解自己身体里发出的声音。通过阅读该绘本，幼儿能够正确了解和看待身体发出的声音。因此，教师以该绘本为载体，设计了中班集体科学活动“我们身体的信号”。

活动“我们身体的信号”重点在于引导幼儿探索、感知自己身体的哪些部位会发出声音，难点在于了解这些声音传递的信息。活动以捉迷藏的情境导入，引导幼儿欣赏平板电脑中的绘本后半部分画面并点击声音图标、尝试插卡记录，再结合健康小知识的视频帮助幼儿理解身体发出的声音和声音所表示的信号之间的联系，发现身体发出的声音背后传递出的信息，最后引导幼儿发现“为什么身体的这些声音藏不住?”，向幼儿传递健康科普知识。教师告诉幼儿平时要多留意身体发出的这些声音，当自己身体不舒服时，要及时告诉老师或求助医生。

我们身体的信号（中班）

活动目标

- 发现身体不同部位发出的声音，了解这些声音传递的信息。
- 对人体的自然生理现象感兴趣，能大胆表达自己的发现。

活动准备

- 经验准备：幼儿阅读过绘本《嗝！哈啾！噗！》第 2～9 页，并对身体器官有所了解，知道它们的名称。

· 材料准备：绘本《嗝！哈啾！噗！》，健康小知识的视频，若干平板电脑（插入绘本小书和各种声音的音效），操作板（参见图 7-2）等。

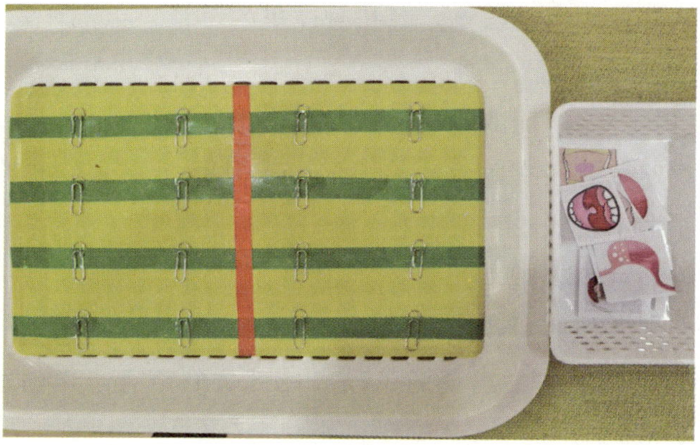

图 7-2　操作板

活动指导

一、绘本导入，激发幼儿活动的兴趣。

1. 师幼共同回顾绘本中第一次捉迷藏的场景。

引导语：小朋友们，你们玩过捉迷藏的游戏吗？前几天我们一起看了一本有关捉迷藏的绘本，绘本的名字叫作《嗝！哈啾！噗！》，绘本里第一次玩捉迷藏时小哲是怎么找到小伙伴的呢？

2. 出示绘本第 14～15 页（参见图 7-3），引导幼儿发现身体个别部位会发出声音。

图 7-3　《嗝！哈啾！噗！》内文画面

实践篇

引导语：第二次捉迷藏开始了，这次轮到玛丽来抓人。玛丽是怎么发现小伙伴的？原来玛丽听到“嘻嘻嘻”的笑声后找到了一个小伙伴。

二、幼儿结伴自主阅读绘本，寻找身体里的声音。

1. 幼儿结伴用平板电脑自主阅读绘本第16～31页，观察画面，点击声音图标，听声音寻找与之匹配的身体部位并插卡记录。

引导语：捉迷藏时还有哪些声音会控制不住地传出来？我们一起到平板电脑里的绘本小书中去找找答案吧！

提出要求：注意认真观察画面，点击声音图标，仔细听一听是身体哪个部位发出的声音，并把图片找出来插到操作板的对应位置上。

2. 师幼分享交流绘本中出现的不同身体部位的声音，帮助幼儿建立声音与身体部位的联系。

引导语：绘本里玛丽还听到了什么声音？它是从身体的哪个部位发出来的？

三、引导幼儿了解身体不同部位发出的声音所传递的信息。

1. 师幼互动。

引导语：捉迷藏时玛丽听到身体发出的很多声音，很快找到了藏在各个地方的小伙伴，有哪些声音呢？那为什么小伙伴们在捉迷藏时控制不住这些声音呢？

2. 围绕绘本出现的声音，师幼讨论：为什么人会打喷嚏？为什么肚子会“咕噜咕噜”叫？为什么人会打嗝和放屁？……

3. 播放健康小知识的视频，帮助幼儿梳理、发现身体发出的声音所传递的信息。

（1）“为什么人会打喷嚏？”——当鼻腔接触到刺激性的气体或物体，如五香粉、辣椒粉、汽车尾气、冷空气、灰尘等，鼻子受到了刺激，人们就会打喷嚏。

（2）“为什么肚子会‘咕噜咕噜’叫？”——人饿的时候，胃里仅有一些空气和水，而胃部肌肉的运动就使得空气和水发出像鱼吹泡泡的声音，所以我们能听到肚子发出“咕噜咕噜”的声音。

（3）“为什么人会打嗝和放屁？”——我们在吃东西的时候会把一些气体咽到肚子里，这些气体在我们的身体里无法被消化掉。我们的胸腔和腹腔之间有一层膈肌，是帮助我们呼吸的，当胃里存在大量气体时，就会刺激膈肌，膈肌发生抽搐，从而把胃里多余的气体通过食道排出体外，这就是打嗝。此外胃里还有一部分气体，会随着食物残渣一起进入大肠，大肠在消化食物的同时也会产生一些气体，这些气体从肛门排出体外时，这就是放屁。

四、引导幼儿大胆说出身体释放的特殊信号及变化。

引导语：原来这些特别的声音都是身体有情况时发出来提醒我们的信号。那我们应该怎么做呢？

小结：小朋友们，平时我们一定要多留意身体发出的各种声音，大胆说出你的感受，及时地把身体发出的特殊信号告诉老师或医生。

五、提出问题，引发幼儿关注身体发出的其他声音。

引导语：除绘本里玛丽发现的这些声音以外，我们的身体还会发出其他的声音，如果你发现了也可以画下来，我们再一起分享。

活动建议

· 本活动开展前可先引导幼儿关注身边的各种声音，对生活中各种物体发出的声音有一定的认识。同时引导幼儿认识人体的主要器官及其作用，如耳朵听声音、嘴巴会吃东西，还发出声音等。

· 在语言区中可以多提供与人体有关的科普图书，进一步丰富幼儿对身体的生理现象的认知，帮助幼儿了解身体器官的秘密。同时，引导幼儿在生活中关注和发现自己身体发出的声音信号。

活动延伸

· 生活活动：引导幼儿在日常生活中关注自己身体发出的声音并记录。

· 区域活动：在角色区投放听诊器，帮助幼儿感知身体内部的声音，感受人平静时和运动后心跳、呼吸等的变化。

绘本《谁是蛀虫的朋友?》相关活动设计

图 8-1 《谁是蛀虫的朋友?》封面

绘本内容简介

绘本《谁是蛀虫的朋友?》讲述了小冬因为喜欢吃零食但又不认真刷牙漱口，最后蛀虫把他的牙齿钻出了一个个小洞的故事。绘本用生动活泼的语言阐释保护牙齿的健康知识，插图中蛀虫的卡通形象青面獠牙，头戴绿头盔，手持钢叉，生动活泼。

基于绘本的活动设计思路

绘本《谁是蛀虫的朋友?》中提到的蛀虫实际上是牙细菌，而甜食、饮料、食物残渣都能成为牙细菌的养料。牙细菌会不断地将这些食物发酵，产生酸性物质。而牙齿的主要成分是碳酸钙，酸性物质会腐蚀碳酸钙，导致龋齿。

就像绘本里说的那样，幼儿从小到大一定无数次地听到成人教导要少吃甜食、认真刷牙，要不然牙细菌就会把牙齿挖出很多洞洞。这些来自书本的间接经验向幼儿传递了健康护牙的知识。但幼儿在生活中真的能抵挡得住甜食的诱惑吗?真的能不嫌麻烦坚持认真刷牙吗?为了帮助幼儿建立护牙的意识和行为习惯，教师以该绘本为载体，设计了大班集体科学活动“设计鸡蛋壳模拟牙齿小实验”“鸡蛋变了样”和区域活动“被侵蚀的鸡蛋”“牙膏保护牙齿”。

《指南》中指出：5～6岁的幼儿能通过观察、比较与分析，发现并描述不同种类物体的特征或某个事物前后的变化，并能用一定的方法验证自己的猜测。为了有效地支持幼儿有目的地开展保护牙齿的科学小实验，让幼儿持续地观察，丰富幼儿保护牙齿的直接经验，教师预设先通过集体科学活动“设计鸡蛋壳模拟牙齿小实验”引导幼儿开展简单的实验设计。接着，教师结合区域活动“被侵蚀的鸡蛋”，引导幼儿根据自己的设计开展小实验并进行持续的观察和记录。然后，教师通过集体科学活动“鸡蛋变了样”进行分享交流，引导幼儿描述事物前后的变化，根据观察到的现象，结合已有的经验，了解保护牙齿的重要性。最后，开展区域活动“牙膏保护牙齿”，让幼儿通过实验观察，加深对保护牙齿的认识。

设计鸡蛋壳模拟牙齿小实验（大班）

活动目标

- 能运用生活经验有目的地设计简单的实验，初步了解如何进行对比实验。

• 对开展小实验感兴趣，学习与同伴交流实验设想。

活动准备

• 经验准备：幼儿阅读过绘本《谁是蛀虫的朋友？》，了解蛀牙产生的原因和保护牙齿的办法。

• 材料准备：绘本《谁是蛀虫的朋友？》、笔、纸。

活动指导

一、绘本导入，回顾蛀牙产生的原因及保护牙齿的办法。

引导语：前一段时间，我们看了一本保护牙齿的绘本《谁是蛀虫的朋友？》。谁来说说蛀虫住在哪里？（蛀虫住在小冬的牙齿里。）为什么会有蛀虫？（小冬爱吃许多甜甜的零食，而且刷牙不认真，蛀虫很得意，长得越来越快，变得越来越多。）蛀虫是怎么把牙齿变成蛀牙的？（一群蛀虫卖力地工作，一点一点地把牙齿钻出大洞来。）想没有蛀牙该怎么做？（蛀虫最怕的就是认真刷牙的小朋友。因为认真刷牙可以将牙齿缝里的食物残渣给扫出去，它们就无法繁殖了。想没有蛀牙，就要认真刷牙，还要少吃甜食，每次吃完甜食要及时刷掉残渣。）

二、师幼互动，启发幼儿交流实验设想，设计简单的实验计划。

1. 谈话引导幼儿思考小实验需要的材料，设想实验方法。

引导语：你们知道甜食是怎样慢慢地把牙齿破坏掉的吗？我们可以做一个小实验。可以用什么材料代替牙齿呢？（可以用鸡蛋壳来代替牙齿做实验。因为牙齿和鸡蛋壳的主要成分都是一种叫碳酸钙的东西，所以我们可以用鸡蛋壳做实验。）怎么证明绘本里说的甜食、饮料会破坏牙齿，可以用什么材料来做实验？怎么做？除了甜甜的饮料，还有哪些饮品可以用来做实验？对牙齿又会有怎样的影响呢？

2. 幼儿分组交流讨论实验设想，并用图画记录实验的步骤。

引导语：大家分小组讨论，把你的想法和小伙伴说一说，并且把你的实验步骤画出来。

3. 集中交流实验的设想，根据幼儿的实验设想提出建议，通过画思维导图的形式帮助幼儿梳理，让实验更有目的。

引导语：你想证明什么？说说你的实验设想，这样做可能会有怎样的结果？

（1）单纯地证明一种物品对牙齿的影响：把鸡蛋壳泡进饮料里。

启发幼儿猜想：这样做可能会有怎样的结果？饮料的用量不同，得到的实验结果是否会有不同？如果鸡蛋壳被完全浸泡可能会怎样？如果鸡蛋壳只被浸泡一半又可能会有怎样的发现？

（2）用对比实验证明两种同类的物品对牙齿的影响：把两个鸡蛋壳分别泡进两种含糖的饮料里。

启发幼儿猜想：两种含糖饮料对牙齿的影响是否一样？（提醒幼儿为了保证实验结果的正确，两个杯子里饮料的量要一样多。）

（3）用对比实验证明两种不同类的物品对牙齿的影响：把两个鸡蛋壳分别泡进两种不同的饮品中，如一种含糖饮料，一种白开水。

启发幼儿猜想：不同种类的饮品会对牙齿产生怎样的影响？

三、根据实验设想开展实验，引发后续观察记录的兴趣。

引导语：甜食究竟会对牙齿产生怎样的影响？今天我们准备了做实验的材料，在“材料超市”里。大家可以根据自己的实验设想开展小实验，做完实验以后坚持观察，就能发现蛋壳的变化了。

活动建议

· 本活动建议采用集体教学活动的形式开展，引导幼儿设计实验是本活动的难点。为帮助幼儿顺利地设计有目的的实验，教师可通过问题讨论、示范讲解的方式，引导幼儿举一反三，帮助幼儿逐步确定设计实验的思路。同时可提供小实验的影像资料，为个别有学习需求的幼儿提供启发与支持。

活动延伸

· 区域活动：在科学区投放小实验的材料，引导幼儿持续观察、记录鸡蛋的变化过程。

被侵蚀的鸡蛋（大班）

活动目标

· 设计并开展小实验，对观察鸡蛋的变化感兴趣。

· 持续地观察并记录鸡蛋浸泡在不同液体中前后的变化。

· 对龋齿的形成与保护牙齿有进一步的认识和理解。

活动准备

· 经验准备：幼儿阅读过绘本《谁是蛀虫的朋友?》，且在集体教学活动中有设计实验的经验。

· 材料准备：熟鸡蛋，透明的器皿，咖啡、可乐、白醋等液体，实验设计图，标记贴纸，笔，“被侵蚀的鸡蛋”记录表。

活动指导

一、幼儿根据自己在活动“设计鸡蛋壳模拟牙齿小实验”中设计的实验步骤图选择材料，将熟鸡蛋放入不同的液体中，然后在贴纸上画出不同液体的图标并将其贴在透明的器皿外以表示区别。

二、坚持每天观察并记录鸡蛋的变化。

活动建议

· 本活动建议采用区域活动的形式开展。

活动延伸

· 教学活动：待持续观察一周后开展集体教学活动，分享观察的发现，进一步理解保护牙齿的意义。

活动资料

“被侵蚀的鸡蛋”实验介绍

由于鸡蛋壳中含有很多碳酸钙，而白醋属于酸的一种，这两者反应会产生二氧化碳，二氧化碳气泡附在鸡蛋表面，增加了鸡蛋的浮力，所以鸡蛋会向上浮起。同时，两者发生反应，鸡蛋壳中碳酸钙的含量会变少，鸡蛋壳逐渐被腐蚀、软化，最后剩下一层软软的蛋皮。

放置在可乐和咖啡中的鸡蛋，5 分钟左右就会被染上颜色，可乐中的鸡蛋壳比咖啡中的鸡蛋壳被染的颜色更深，可乐中的鸡蛋壳变成了深黄棕色，咖啡中的鸡蛋壳是明显的黄色。

鸡蛋变了样（大班）

活动目标

· 能大胆交流、表达“被侵蚀的鸡蛋”实验中鸡蛋的变化，并对所观察到的现象进行解释。

· 进一步认识和理解甜食和饮料对牙齿的影响，加强保护牙齿的意识。

活动准备

· 经验准备：幼儿阅读过《谁是蛀虫的朋友?》；幼儿在科学区中做过“被侵蚀的鸡蛋”小实验，观察并记录了鸡蛋在不同液体中的变化。

· 材料准备：“被侵蚀的鸡蛋”记录表，牙刷、牙膏（四人一份），“被侵蚀的鸡蛋”实验中用到的鸡蛋，纸，笔。

活动指导

一、回顾小实验。

引导语：前段时间我们为了证明绘本里面说的甜食、饮料容易蛀牙，在科学区里用鸡蛋壳代替牙齿做实验，把鸡蛋泡在不同的液体里。你们发现了什么？

二、幼儿分小组交流分享甜食、饮料对牙齿的影响，并对实验现象进行解释。

1. 幼儿四人一小组，交流鸡蛋在白醋、可乐、咖啡里的变化。

引导语：你们可以互相看一看记录表，说一说白醋、可乐、咖啡里的鸡蛋分别发生了什么变化。

2. 借助记录表，集体交流分享，引导幼儿对实验现象进行解释。

引导语：你是怎么证明甜食、饮料会对牙齿造成伤害的？这些小实验告诉我们什么道理？鸡蛋壳代表什么？鸡蛋泡在不同的液体里产生的变化又让你想到了什么？

小结：鸡蛋壳就像我们的牙齿。如果我们不勤刷牙，吃了甜食以后，残留在我们嘴里的糖分会和牙细菌反应，产生像醋一样的酸性物质。它们堆积在我们的牙齿上会慢慢“吃掉”我们的牙齿，最后可能会形成蛀牙，牙齿上会出现小洞，就像白醋吃掉蛋壳一样。咖啡和可乐还会使我们的牙齿变黄，所以我们要少喝咖啡或可乐这类饮品，多喝白开水。

三、通过游戏“给鸡蛋洗澡”，引导幼儿认识到刷牙能保护牙齿。

1. 引发幼儿对清洁鸡蛋表面的讨论。

引导语：泡在可乐、咖啡里的鸡蛋变得脏脏的，就像我们的牙齿变黄了一样，用什么办法能够把鸡蛋清洗干净呢？

2. 幼儿尝试用牙膏、牙刷清洁鸡蛋，进一步认识勤刷牙能保护牙齿。

四、引发幼儿进一步设计“牙膏保护牙齿”小实验的愿望。

引导语：我们都知道认真刷牙能保护牙齿，那么你怎样证明牙膏对牙齿能起到保护的作用呢？你会怎样设计小实验？请到区域中把实验设计图画下来。

活动建议

- 本活动建议采用集体教学活动的形式开展，引导幼儿描述实验中鸡蛋的变化是本活动的重点。本活动的难点是引发幼儿思考和解释鸡蛋的变化，教师可通过提问引导幼儿思考和做出解释，并引发“牙膏保护牙齿”的探究。

活动延伸

- 区域活动：引导幼儿设计“牙膏保护牙齿”小实验，把步骤画出来，根据设计的步骤开展“牙膏保护牙齿”的小实验。

牙膏保护牙齿（大班）

活动目标

- 开展“牙膏保护牙齿”小实验，了解牙膏对鸡蛋的保护作用。
- 持续地观察记录鸡蛋在牙膏保护下的变化。

· 对保护牙齿有进一步的认识和理解，知道要勤刷牙。

活动准备

· 经验准备：幼儿阅读过绘本《谁是蛀虫的朋友?》，且班级开展过活动“鸡蛋变了样”。

· 材料准备：鸡蛋，含氟牙膏，保鲜膜，实验设计图，白醋、可乐、咖啡等液体。

活动指导

一、幼儿根据自己的实验设计图选择材料开展小实验。

实验步骤示例：提供鸡蛋若干，让幼儿先在鸡蛋壳表面涂满含氟牙膏，用保鲜袋裹住鸡蛋，放置四天。四天后将鸡蛋取出，并把鸡蛋壳表面的牙膏擦掉，再静置一天，然后把鸡蛋分别放入醋、可乐、咖啡等液体中浸泡一夜。隔天将鸡蛋从液体中捞起，会观察到涂过牙膏的鸡蛋在不同的液体中浸泡后都不容易被侵蚀，壳依旧是硬的，与“被侵蚀的鸡蛋”实验中未涂牙膏的鸡蛋在液体中浸泡后的变化形成对比。

二、坚持观察并记录牙膏保护下鸡蛋的变化，和同伴展开交流。

三、在观察记录表中用图画的形式记录下自己在实验中的思考和解释。

活动建议

· 本活动建议采用区域活动的形式开展。待幼儿持续观察一周后开展集体交流，引导幼儿分享涂了牙膏的鸡蛋泡在液体中的变化以及由实验引发的思考和解释，进一步理解刷牙对保护牙齿的作用。

活动延伸

· 区域活动：引导幼儿收集活动开展以来所有小实验的设计图、观察记录表、照片，按照时间顺序装订成册，制作成小图书。

绘本《昆虫躲猫猫》相关活动设计

图 9-1　《昆虫躲猫猫》封面

绘本内容简介

绘本《昆虫躲猫猫》是一本适合 3～6 岁幼儿阅读的知识类读物。在昆虫王国，不同种类的昆虫在成长和繁衍后代的过程中，时刻面临着来自大自然食物链中鸟类、蜥蜴、蝙蝠、青蛙和中小型肉食性或杂食性哺乳动物的威胁。昆虫因此进化出各自独特的保命绝招，这样才能在强敌环伺的自然界中生存。绘本以精美的照片和生动有趣的文字，为幼儿呈现了诸如螳螂、蚱蜢、尺蠖、夜蛾等昆虫通过各种拟态进行自卫的科学知识。

基于绘本的活动设计思路

在生物进化史中，昆虫以种种独特又有趣的自卫“招数”展示其顽强的生存本领，如拟态、行为避敌、共栖共存等。拟态有着比较明显的外部特征和表现，能够被幼儿理解。绘本《昆虫躲猫猫》主要讲述了昆虫拟态的自我保护方式，蕴含着昆虫的外形特征与生存环境相适应这一科学核心知识。通过集体教学活动的引导，可让幼儿已有的有关动物自我保护的零散经验得以整理，使幼儿初步获得动物的外形特征、习性与生存环境之间具有适应关系的新经验，促进幼儿运用已有经验解释、推测新现象的能力的发展。因此，教师以该绘本为载体，设计了大班集体科学活动“昆虫躲猫猫”“动物的锦囊妙计”。

在活动“昆虫躲猫猫”中，教师结合绘本引导幼儿初步理解拟态是昆虫的生存需要；通过昆虫与环境配对游戏，让幼儿依据绘本中昆虫的外形特征对生存环境进行合理推断与解释，发展幼儿的推理分析能力，加深幼儿对“昆虫的外形特征与生存环境相适应”这一新经验的理解。

在活动“动物的锦囊妙计”中，教师将绘本阅读作为前期经验，在幼儿对昆虫的拟态有初步了解的基础上，引导幼儿探索动物的其他自我保护方式，鼓励幼儿交流探讨“动物不同的自我保护方法及其与环境的关系”。

昆虫躲猫猫（大班）

活动目标

- 知道昆虫的外形特征与生存环境相互适应，理解拟态是昆虫的生存需要。
- 依据昆虫的外形特征对其生存环境进行合理推断与解释。
- 对探索大自然中动物的自我保护方式感兴趣。

活动准备

· 经验准备：幼儿玩过躲猫猫的游戏。

· 材料准备：绘本《昆虫躲猫猫》，课件“昆虫躲猫猫”，有关动物对环境的适应的视频，绘本中竹节虫、尺蠖、枯叶蝶、夜蛾、小天牛等昆虫的图片（参见图 9-2），迷彩服、草帽、叶片、花环、草裙等装扮材料。

· 环境创设：在活动室布置树林、花丛、草丛、岩石等场景，将绘本中的昆虫生存环境图片（参见图 9-3）彩喷后展示在活动室周围。

图 9-2　昆虫图片

图 9-3　昆虫生存环境图片

活动指导

一、谈话导入，激发幼儿的兴趣。

引导语：你们玩过躲猫猫吗？你们是怎么躲藏的？我们玩躲猫猫时要把自己藏起来，让别人找不到。昆虫们也喜欢玩躲猫猫，它们是怎么躲藏的？请你们到图片上找找。

二、引导幼儿观察绘本第1～7页，感知昆虫的外形特征与生存环境相适应的关系，初步理解拟态是昆虫的生存需要。

1. 知道拟态是昆虫的自我保护方法。

（1）幼儿两两结对观察绘本画面，了解螳螂、蚱蜢、纺织娘的隐藏方式。

（2）结合绘本画面与图示，梳理昆虫的不同拟态，帮助幼儿理解拟态是昆虫的伪装。

引导语：昆虫躲在哪儿？它长什么样？它是怎么隐藏自己的？它的躲藏方式和我们一样吗？

小结：大自然中昆虫的躲藏方式和我们不一样，有的把身体伪装成和周边环境一样的颜色，还有的把自己伪装成和周边环境一样的形态，这就是“拟态”。

2. 迁移经验，启发幼儿依据昆虫的外形特征对其生存环境进行合理推断与解释。

（1）幼儿玩配对游戏“昆虫躲猫猫”，对昆虫生存环境进行合理推断。

引导语：今天还有很多昆虫要来和小朋友玩躲猫猫，请你们帮它们藏一藏。这些昆虫要躲在哪里，才不容易被发现？

（2）幼儿自主选择昆虫图片将其与环境进行匹配，教师重点观察幼儿能否依据昆虫的外形特征来匹配相应的环境。

（3）结合幼儿的操作，引导幼儿解释自己配对的理由，进一步理解昆虫外形特征与环境相适应的关系。

引导语：昆虫藏到哪里了？为什么？

小结：因为昆虫会把自己伪装成和周围环境很像的样子，所以可以根据昆虫的颜色和形态判断它的生存环境。

3. 引发幼儿讨论思考，并结合视频了解昆虫的伪装是其生存的需要。

引导语：今天我们知道了很多昆虫会用拟态的办法来隐藏自己，你们知道昆虫为什么要这样伪装、隐藏自己吗？（为了适应环境、保护自己且有利于捕食。）

三、玩装扮游戏“昆虫伪装秀”，进一步理解昆虫的外形特征与环境相适应的关系。

引导语：如果你是昆虫，你会怎样伪装自己？为什么？

玩法：教师将教室布置成一个森林，并投放许多装扮材料。请幼儿想象一下自己要扮演哪一种昆虫，如果天敌来了，会选择什么样的装扮材料来保护自己。

小结：每种昆虫都有自己的天敌，因此昆虫们也都有其独特的伪装自己的本领和适应环境的能力，否则他们就会被环境淘汰。

四、引发幼儿进一步探索动物自我保护方式的兴趣。

引导语：今天我们知道了昆虫躲猫猫是为了保护自己，它们的本领都藏在这本绘本里，小朋友们可以到语言区看看。大自然中还有各种各样的动物，它们的自我保护方式一样吗？

活动建议

- 在配对游戏后，教师可以准备相关视频，让幼儿通过观看视频更生动、形象、直观地了解更多动物自我保护的方法，并相互讨论和交流。
- 幼儿语言零散，教师可以根据幼儿的表述进行小结，帮助幼儿主动思考、总结概括，启发幼儿进行归类。
- 鼓励幼儿回家与家长一起了解更多动物自我保护的方法，并记录下来，在活动区中与同伴大胆分享交流。

活动延伸

- 区域活动：(1) 在语言区投放有关动物自我保护以及人类仿生学内容的图书，拓展幼儿的经验。(2) 在表演区投放“动物躲猫猫”的道具，引导幼儿玩装扮游戏。
- 家园共育：亲子共同了解更多动物自我保护的方法，如释放毒气、共存、恐吓、舍小保大、跳跃、装死等。

动物的锦囊妙计（大班）

活动目标

· 了解动物不同的自我保护方法及其与环境的关系，尝试对动物不同的自我保护方法进行归类。

· 对大自然中动物的自我保护方法感兴趣。

活动准备

· 经验准备：幼儿阅读过绘本《昆虫躲猫猫》，知道昆虫有拟态的自我保护方法，与家长一起调查动物自我保护的方法。

· 材料准备：绘本《昆虫躲猫猫》，课件“动物的锦囊妙计”，有关动物仿生学的视频，亲子调查海报（参见图 9-4、图 9-5、图 9-6、图 9-7）。

图 9-4　亲子调查海报①

图 9-5　亲子调查海报②

图 9-6　亲子调查海报③

图 9-7　亲子调查海报④

活动指导

一、绘本导入，激发幼儿参与活动的兴趣。

引导语：还记得我们一起看过的《昆虫躲猫猫》这本绘本吗？这本书给你印象最深的是哪一种昆虫？它是靠什么进行自我保护的？

二、幼儿分享交流收集的资料，了解动物的自我保护方法及其与环境的关系。

1. 幼儿自主分享交流讨论。

引导语：除了我们了解到的这些昆虫的自我保护方法，你们还和爸爸妈妈一起调查了许多其他动物的自我保护方法。你们调查了哪些动物，它们遇到危险时又是用哪些锦囊妙计来保护自己的？

2. 结合课件分享交流，梳理不同动物的自我保护方法并归类。

（1）分享调查结果。

引导语：现在谁来说说你所调查的动物，它是怎么保护自己的？

（2）梳理分享结果：根据动物自我保护方法的不同，可以将动物分为“自带武器”类、“隐身”类、“寻求保护”类、“断尾断肢”类。

“自带武器”类动物及其“武器”：如乌龟、蜗牛的壳，刺猬、豪猪、刺豚的刺，乌贼的墨汁，黄鼠狼、臭鼬的臭屁，这些都是“自带武器”类动物的秘密武器，可以让它们在遇到危险时保护自己。

“隐身”类动物：如枯叶蝶、变色龙、竹节虫、尺蠖、螳螂、比目鱼，它们与环境融为一体，像有隐身术一样把自己藏起来。

“寻求保护”类动物：如小丑鱼，通过和海葵共生来保护自己。

“断尾断肢”类动物：如壁虎、螃蟹，它们在遇到危险时通过舍弃自己身体的某个部位来保护自己。

3. 交流讨论，引导幼儿了解动物自我保护方法与生存环境的关系。

引导语：我们了解了许多动物自我保护的方法，那你们知道为什么动物会有这些奇特的逃生妙计吗？

小结：动物各种各样的护身术都是为了适应环境和保护自己，有利于捕食或逃避危害，正是由于有这些护身术，物种才得以延续。

4. 借助“超级分类游戏”（课件第 4 页，参见图 9-8），巩固幼儿对动物不同自我保护方法的认识。

引导语：现在我们一起来玩一个分类游戏，考考你们是不是知道了不同动物不同的自我保护方法。请把动物与其遇到危险时的自我保护方法相连，看看哪些动物的自我保护方法是一样的。

图 9-8　课件画面

三、迁移生活经验，引导幼儿了解动物及其自我保护方法给人类带来的启示。

1. 了解动物自我保护方法带给人类的启示。

引导语：动物们真了不起，有各种各样保护自己的方法，人类借鉴动物的自我保护方法有了许多发明创造。在军事方面，军人行军打仗穿的迷彩服、部队的装备等，都是绿色的，你们知道这是为什么吗？这学习的是动物的哪种自我保护方法？（隐身。）军事中所用到的烟幕弹，你们觉得是向谁学习的？（乌贼。）

2. 结合视频，了解其他“仿生学”例子。

引导语：除了这些，我们还从动物身上学习到了很多本领，我们一起来看看。

小结：人类学习信天翁的飞行方法，发明了利用风力飞行的滑翔翼；螳螂利用两只又弯又有力的前脚捕捉食物，人类学习螳螂发明了镰刀用于除草或收割；人类还学习蜻蜓的飞行方法，制造了可以朝各种方向自由飞行的直升机。

活动建议

- 建议用合适的视频或音频引导幼儿理解动物的自我保护方法与环境的关系。

活动延伸

- 家园共育：建议家长带领幼儿继续了解更多动物的自我保护方法。

绘本《血管带我去旅行》相关活动设计

图 10-1 《血管带我去旅行》封面

绘本内容简介

绘本《血管带我去旅行》中，血小板带着妞妞参观血管，用生动的对话、拟人的血细胞形象，向幼儿展现了关于血管的知识：不同血细胞的功能、血管的作用、血液的形态等。绘本语言形象生动，浅显易懂，配以活泼可爱的画面，符合幼儿的兴趣特点和审美喜好。

基于绘本的活动设计思路

绘本《血管带我去旅行》是一本关于血的较为全面的儿童科普读物。绘本揭示了人体中血管、血细胞等与人体血液相关的科学知识，涵盖了幼儿阶段能够理解的关于血液的经验。在“生命科学”这一核心概念下，5～6岁幼儿适宜的关键经验包含“开始理解人体内部”①，对血液的理解正符合该年龄段幼儿的需要。该绘本包含的血细胞的功能和结构等科学核心知识，能帮助幼儿明白受伤时流血是正常现象，尝试冷静应对，进而提升自我保护的意识。因此教师以该绘本为载体，设计了大班集体科学活动“血的秘密”。

活动“血的秘密”根据大班幼儿的学习特点，以小组活动的形式展开，从绘本场景导入，引导幼儿调动已有的关于流血的感性经验，进而产生探究血液的愿望。在活动前期，幼儿通过分组阅读绘本已经记录了自己想了解的有关血的问题，在此基础上，教师引导幼儿将各自的问题进行归类。带着这些问题，教师引导幼儿分组操作材料，进一步探索血的秘密。幼儿在小组内阅读绘本、动手操作、寻找答案，加深对血液的认知，知道流血时该如何应对，消除恐惧情绪，解决生活中的问题。

血的秘密（大班）

活动目标

· 了解流血的原因及血液在人体中的作用。

· 能通过阅读绘本、动手操作和观看视频寻找有关血的问题的答案，并用符号、图画记录。

---

① 张俊，等. 幼儿园科学领域教育精要：关键经验与活动指导［M］. 北京：教育科学出版社，2021：83.

· 明白受伤时流血是正常现象，尝试冷静应对。

活动准备

· 经验准备：幼儿与家人探讨过关于血的话题。

· 材料准备：绘本《血管带我去旅行》及配套音频，血细胞科普小视频，红色糖豆，白芸豆，碎麦片，接近透明的蜂蜜，凉开水，透明容器，搅拌棒，短透明管（2 根），长透明管（≥50 厘米），针筒（2 支），单向阀，三通管，红色色素，杯子，纸筒，听诊器，手电筒，记录纸，笔。

活动指导

一、谈话导入，引发关于血的话题。

引导语：你们流过血吗？说说你们的感受和发现。

二、幼儿分组阅读绘本，初步了解血管的内部结构。

1. 幼儿自主听音频、阅读绘本，并记录自己的问题和发现。

引导语：我们的血管里藏着许多关于血的秘密。今天老师带来了一本关于血的秘密的绘本，让我们一起跟着这本绘本《血管带我去旅行》去看一看吧！看完之后，请把你的发现和疑问记录下来，并和小组里的小朋友说一说。

2. 小组代表分享交流各自发现，教师梳理小结。

引导语：看完绘本，你对血管有什么了解吗？谁来说一说？

小结：血管是输送血液的管道，它将血液输送到全身。血液里有血浆，有红细胞，还有白细胞、血小板，它们都有各自的功能。

3. 小组代表分享阅读绘本后的疑问，师幼共同梳理归类。

引导语：阅读了绘本，我们知道了很多血的秘密，但也产生了一些疑问，让我们将这些问题分一分。

（1）有关血管的问题。

· 为什么身体里有血管？

· 血管在身体的什么位置？

· 血液是怎么流向全身的？

（2）关于血细胞的问题。

· 血小板是怎么让血凝固的？

· 为什么白细胞能战胜病毒？

(3) 其他问题。

· 动物也会流血吗?

· 植物会流血吗?

…………

三、介绍分组操作的材料，引导幼儿自由探索，进一步探索血的秘密。

1. 实验模拟组一：提供材料“血液模拟豆豆瓶”。(参见图 10-2)

· 玩法：(1) 教师提前将红色糖豆（最多）、白芸豆（1～2 颗）、碎麦片（少许）、接近透明的蜂蜜、少许凉开水，装进透明容器内搅拌均匀。(2) 幼儿观察“血液模拟豆豆瓶”，感知血管内红细胞（红色糖豆）、白细胞（白芸豆）、血小板（碎麦片）、血浆（蜂蜜水）的状态，并尝试记录。

· 预期观察结果：发现血液是浓稠的，血液中红细胞最多，血小板次之，白细胞最少。血液整体呈现红色。

图 10-2　血液模拟豆豆瓶

2. 实验模拟组二：提供材料“血液循环模拟装置”。(参见图 10-3)

· 玩法：(1) 教师提前制作“血液循环模拟装置”。将 2 根短透明管分别接到针筒上，将长透明管剪成 10 厘米、10 厘米、15 厘米、15 厘米，共 4 段；如图 10-3，把剪好的透明管连接到单向阀上，注意单向阀方向不要装反；用三通管连接透明管；往杯子里加水，滴入几滴红色色素，其中一支针筒抽好红色液体；将两个针筒接到三通管上，拼成模型。(2) 幼儿推拉针筒推杆，观察管内液体流动方向，了解人体内的血液循环方式。

• 预期观察结果：发现血液会朝着统一方向循环往复地流动。

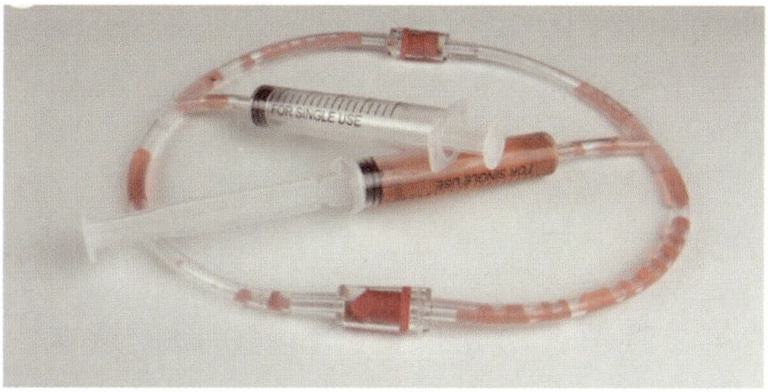

图 10-3　血液循环模拟装置

3. 科普视频组：提供视频“血液的组成”“心脏和血液循环”“血从何而来?”“血液为什么是红色的?”。

（1）视频“血液的组成”：血液由红细胞、白细胞、血小板、血浆等组成，其中红细胞的作用是输送氧气和二氧化碳，白细胞的主要作用是抵御细菌、病毒，血小板的作用是止血。

幼儿通过观看视频，了解血液的组成及不同血细胞的作用。

（2）视频“心脏和血液循环”：心脏在胸腔内不停跳动，从而将血液输送到身体的各个部位。血液从心脏流出，流向身体的各个部分，最后流回心脏，这样循环往复。

幼儿观看视频，了解心脏对血液循环的作用，直观、形象地知道血液循环如何进行。

（3）视频“血从何而来?”：造血由红骨髓完成，造血干细胞可以生产出所有种类的血细胞，供应身体需要，不同血细胞的寿命各不相同。

幼儿观看视频，解答“血从哪里来?”的疑问，直观地了解身体内血的由来。

（4）视频“血液为什么是红色的?”：血液由不同的血细胞组成，其中红细胞占比最大，其次是血小板、白细胞，因为红细胞最多且是红色的，所以血液呈红色。

幼儿观看视频，了解“血液为什么是红色的?”这个问题的答案。

4. 身体探索组：提供纸筒、听诊器、手电筒等。

• 玩法：幼儿用纸筒、听诊器听心跳，感受心脏跳动推动血液循环流动；用手电筒在弱光环境中照射皮肤，透过皮肤观察血管等。

四、幼儿联系生活展开讨论，明白受伤时流血是正常现象，应该冷静面对。

1. 讨论：看了这本绘本，你是怎么想的？如果在实际生活中流血了，应该怎么办?

2. 师幼梳理小结：我们一定要注意安全，保护好自己，不让自己受伤。如果受伤流血了，也不要慌张，血细胞会帮助我们，我们也要第一时间告诉大人，及时止血哦!

活动建议

• 在本活动的第二环节，幼儿自主听音频、阅读绘本，教师应给予幼儿充足的时间阅读、记录，并鼓励幼儿充分分享交流自己的发现及新的疑问。在梳理幼儿的问题时，应突出问题重点，引导幼儿思考将自己的问题归纳于哪一类，使幼儿关于血的知识经验趋于系统化。第三环节是操作环节，重点在于引导幼儿在观察、操作模拟实验、观看视频等过程中获取更多信息。最后一个环节，结合生活实际，引导幼儿意识到自我保护的重要性即可，不用过多展开。

• 在本活动的第二环节，幼儿阅读绘本、了解血液知识的过程中，教师的引导应当与语言活动有所区分，紧抓幼儿适宜的关键经验，鼓励幼儿认真思考，提出疑问，用语言和图画的方式表达自己对血的理解，而非将重点放在语言领域的阅读、理解、语言表达上。

• 分组讨论和操作环节，对幼儿的合作能力、自主学习能力、表达能力、探究能力等都有较高要求。教师在组织讨论的过程中，应在不同组间观察，引导幼儿收集信息，在操作环节则引导幼儿根据问题寻找答案（重点），鼓励幼儿积极思考、动手操作，在幼儿需要帮助时及时给予支持。

• 教师在评价时可从以下几个方面入手：幼儿的探究能力（重点）、合作能力、表达能力、表征能力、迁移生活经验的能力等。

• 本活动容量比较大，如果时间有限，第三个操作环节可以作为延伸，在区域中开展。

活动延伸

• 区域活动：(1) 在科学区提供绘本、听诊器、手电筒、纸筒、“血液循环模拟装置”等，供幼儿在活动后继续探究。(2) 在语言区提供绘本及配套音频，幼儿一边听一边阅读绘本，进一步了解绘本内容。

• 家园共育：幼儿回家后可继续与家长讨论关于血的问题，分享自己获得的新知识，也可与家长一起搜寻更多相关资料。

绘本《咕咚咕咚，种子喝水》相关活动设计

图 11-1 《咕咚咕咚，种子喝水》封面

绘本内容简介

绘本《咕咚咕咚，种子喝水》从幼儿的视角，以拟人化的方式，通过精美的画面直观地展示了种子在土壤里的生长变化，讲述了种子身体变胖、破皮、生根、发芽的生长过程。

基于绘本的活动设计思路

绘本《咕咚咕咚，种子喝水》以拟人化的手法生动地呈现了种子变胖、破皮、生根、发芽的生长过程，蕴含着植物生命变化的科学内容。在与幼儿共同阅读绘本的过程中，教师发现，幼儿不仅积累了较为丰富的种子在土壤里生长变化的经验，还萌发了种植的愿望。幼儿纷纷表示要亲自种植，在种植中亲历和验证种子的变化过程。怎样种植才能观察到种子的生长变化过程呢？因此，教师顺应幼儿种植的兴趣和需要，延续绘本故事的趣味情节，设计了大班集体科学活动“我的种植计划”，引导幼儿思考种子成长的条件和种植材料，学习根据观察目的制订合理的种植计划。

我的种植计划（大班）

活动目标

- 对种植活动感兴趣，能积极主动地参与制订种植计划的活动。
- 能依据“观察种子的生长变化过程”这一目标制订合适的种植计划。
- 能清楚、连贯地介绍自己的种植实验计划。

活动准备

- 经验准备：幼儿阅读过绘本《咕咚咕咚，种子喝水》，初步了解种子生长的条件和变化过程；幼儿有种植的经验，知道植物生长需要的条件。
- 材料准备：课件“我的种植计划”，幼儿已经制订好的种植计划（参见图 11-2、图 11-3），白纸，笔。

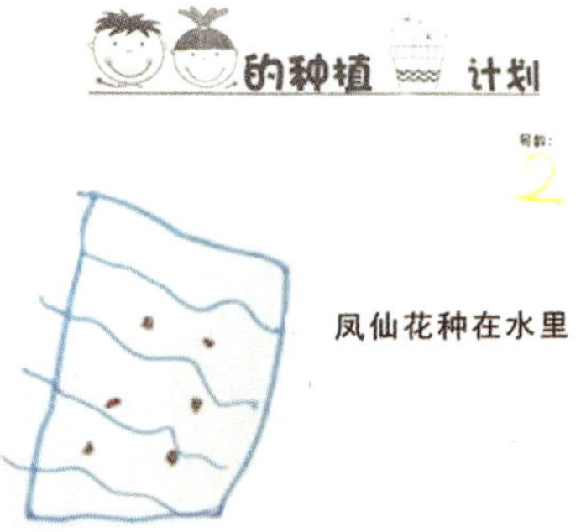

图 11-2 幼儿种植计划①

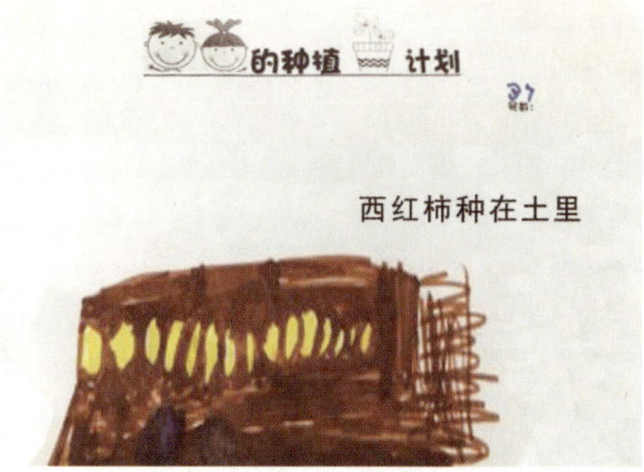

图 11-3 幼儿种植计划②

活动指导

一、绘本导入，梳理种子成长的条件和过程。

引导语：最近我们阅读了绘本《咕咚咕咚，种子喝水》。种子发芽需要什么条件？种子是怎么慢慢长大的呢？

小结：土壤里的种子要长大需要喝水，会经历变胖、破皮、生根、发芽的过程。

二、幼儿分享交流自己制订的种植计划。

1. 幼儿分小组交流种植计划。

引导语：小朋友们也想自己来种植，亲眼见证种子变胖、破皮、生根、发芽的过程。如果想看到种子生长的过程，要怎么种植种子呢？你们想了许多好办法，还形成了种植计划。现在五人一组，请你们向小组里的小朋友介绍一下自己的种植计划吧！

2. 集体交流，介绍种植计划。

引导语：谁愿意和大家分享一下你的种植计划？

三、师幼共同讨论种植需要的材料和条件，引导幼儿学习根据观察目的制订完整的种植计划。

1. 通过思维导图（参见图 11-4），帮助幼儿梳理种植计划的要点。

（1）种植：种什么、怎么种、种在哪里。

（2）条件：阳光、水、空气。

（3）观察：工具、时间。

图 11-4 “种植计划”思维导图

2. 引导幼儿交流分享，帮助幼儿拓展种植计划的相关经验。

引导语：请小朋友们仔细看思维导图，大家一起说说种植计划应该包括哪些内容。

小结：要制订一份种植计划，需要计划种什么、种在哪里、这个植物是喜阴还是喜阳、土培还是水培、多长时间浇一次水、需要用什么工具等。

四、引导幼儿迁移经验，调整完善种植计划。

引导语：今天我们学习了如何制订种植计划。小朋友可以根据刚才学到的本领，对自己的种植计划进行补充和调整。

活动建议

· 本活动是一个完整的科学活动，环节紧凑，教师需合理安排时间，建议如下：第一环节（约 3～5 分钟），让幼儿交流种子的生长需求和生长变化过程。第二环节（约 5～10 分钟），幼儿分享交流自己的种植计划。教师要给幼儿提供充分的交流机会和时间。第三环节（约 10～15 分钟）为活动重点环节，教师要着重引导幼儿思考和讨论如何种植才能有利于观察种子的变化，包括种植方式的确定、种植器皿的选择等，同时还要引导幼儿从种子生长变化需要的条件和观察两方面对计划进行补充和完善。这个环节需要给予幼儿充足的时间，让幼儿充分地思考、讨论和学习。最后一个环节（约 3～5 分钟），引导幼儿调整和完善自己的计划。

· 本活动结束后，鼓励幼儿回家后向家长介绍自己的种植计划，请家长和幼儿一起准备种植实验需要的材料和工具。

· 通过制订种植计划，引导幼儿认识到计划的重要性，在以后的学习活动中，引导幼儿尝试制订更多的计划。

活动延伸

· 区域活动：在自然角展示幼儿的种植计划，引导幼儿根据计划进行种植，借助工具观察、记录种子的变化过程；引导幼儿收集种子生长过程的记录，制作种子成长日记。

绘本《摇摇晃晃独木桥》相关活动设计

图 12-1 《摇摇晃晃独木桥》封面

绘本内容简介

绘本《摇摇晃晃独木桥》讲述了狐狸和兔子历险的故事。狐狸追捕兔子，兔子慌不择路地跳上了一座摇摇晃晃的独木桥，狐狸也跟着跳了上去。这时，独木桥失去了平衡，摇摇晃晃。狐狸想趁机抓住兔子，可是差点和兔子一起掉到河里。无奈之下，狐狸只好和兔子互相帮助，离开跷跷板一样的独木桥……

基于绘本的活动设计思路

绘本《摇摇晃晃独木桥》中的狐狸为了使自己不掉下去，不断地调整位置，这一过程中就渗透着平衡的秘密：当支点两边的重量一样时，能保持平衡；当重量不一样时，可以改变物体离支点的位置来保持平衡。平衡现象在我们的生活中随处可见，如户外活动时幼儿玩跷跷板、成人用扁担挑东西等。如何利用绘本有趣的故事情节，将晦涩的科学原理变成幼儿可以理解的知识呢？教师以该绘本为载体，借助帮狐狸和兔子逃生的情境，设计了大班集体科学活动“找平衡”，引导幼儿通过思考、操作、验证、再操作的过程探索影响平衡的因素并积极寻找平衡的办法。

找平衡（大班）

活动目标

• 猜想保持独木桥平衡的办法。

• 尝试改变支点两边物体的位置探究平衡方法，发现天平的平衡与两边物体的重量及其所在的位置有关。

• 能用语言清楚地讲述操作过程。

活动准备

• 经验准备：幼儿玩过跷跷板，阅读过绘本《摇摇晃晃独木桥》开头至第 5 页的内容，了解什么是平衡。

• 材料准备：绘本《摇摇晃晃独木桥》，独木桥天平和狐狸、兔子砝码（参见图 12-2），记录纸，笔。

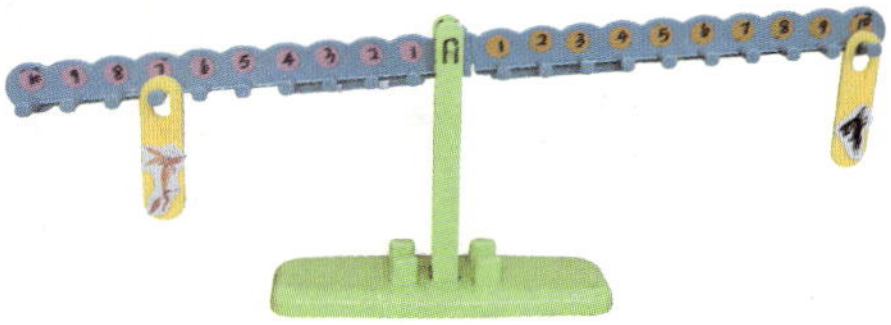

图 12-2　独木桥天平和狐狸、兔子砝码

活动指导

一、绘本导入，激发幼儿的活动兴趣。

引导语：上次我们一起阅读了绘本《摇摇晃晃独木桥》的前面一部分，讲了狐狸追捕兔子的故事，后来发生了什么？

二、结合绘本，引导幼儿了解独木桥的平衡与支点两边物体的位置有关系，并探究平衡的方法。

1. 引导幼儿尝试改变狐狸砝码的位置，探究平衡的方法。

（1）提出问题，引发幼儿猜想。

引导语：兔子现在吓得站在独木桥的一头一动不动，如果狐狸不断地靠近兔子，就可以吃到兔子吗？聪明的狐狸看到独木桥已经倾斜，再往前走的话，他和兔子都有掉下去的危险，怎么办？现在狐狸退到了独木桥的另一边，独木桥是什么样的？

引导语：狐狸退到独木桥的另一边，独木桥还是失去了平衡，这是为什么呢？独木桥像跷跷板一样摇摇晃晃，让狐狸和兔子非常害怕。狐狸到底要退到什么位置，独木桥才能保持平衡呢？

图 12-3　《摇摇晃晃独木桥》内文画面

（2）提出要求，引导幼儿操作。

引导语：桌上也有这样的一座独木桥，兔子已经在独木桥的一头一动不动了，请你们合作，动手移动狐狸的位置，让独木桥保持平衡。

（3）幼儿分享交流。

引导语：你们成功了吗？狐狸在独木桥的什么位置上，独木桥可以保持平衡？

小结：原来当轻的兔子在独木桥数字“10”的位置时，重的狐狸在独木桥数字“5”的位置时，独木桥可以保持平衡。

2. 引导幼儿尝试改变狐狸和兔子砝码的位置，探究平衡方法。

（1）再次提出问题，引发幼儿猜想。

引导语：重的物体离支点近一些，轻的物体离支点远一些，独木桥就可以保持平衡，真的是这样的吗？如果小兔子往前移动了，狐狸又要移动到桥的哪个位置上，独木桥才能保持平衡？

（2）幼儿操作，尝试改变两端动物砝码的位置让独木桥保持平衡。

引导语：请小朋友们试一试移动狐狸和兔子的位置，看一看他们分别在独木桥两边的什么位置时，独木桥可以平衡。可以把你的发现记录在记录纸上（参见图 12-4）。

图 12-4　记录纸

（3）引导幼儿分享交流，巩固新经验。

引导语：你们都成功了吗？狐狸和兔子在什么位置时独木桥会平衡呢？

小结：原来当重量不一样的物体在独木桥的两边，想让独木桥保持平衡，重的物体要离支点近一些，轻的物体要离支点远一些。

三、出示绘本中乌鸦飞来的画面，激发幼儿通过改变物体重量探究平衡的兴趣，自然结束活动。

引导语：故事中狐狸和兔子通过调整自己的位置让独木桥保持了平衡。可正当他们刚松一口气时，来了一群不速之客。一大群乌鸦陆续飞来，落在独木桥上，这时又会发生什么事情呢？

引导语：如果乌鸦停在兔子那边，狐狸和兔子该怎么办呢？如果乌鸦停在狐狸这边，狐狸和兔子又该怎么办呢？我们一起在区域活动中帮助他们解决吧！

活动建议

· 第一次操作时，引导幼儿不改变兔子的位置，只移动狐狸的位置。引导幼儿操作时要认真耐心观察独木桥是否平衡。

· 第二次操作时，引导幼儿改变狐狸和兔子的位置。教师可以提供记录纸，鼓励幼儿记录操作时的发现；引导幼儿迁移第一次操作的经验，先固定一只动物，再移动另一只动物，接着观察独木桥是否平衡。在分享交流环节，教师可以和幼儿共同验证当狐狸和兔子分别在哪个位置时独木桥可以保持平衡，并将结果记录在展示板上。

活动延伸

· 区域活动：（1）在语言区投放绘本，引导幼儿继续阅读绘本。（2）在科学区投放独木桥天平和狐狸、兔子、乌鸦砝码，引导幼儿探索物体重量增加时如何让独木桥天平保持平衡。

· 生活活动：引导幼儿欣赏关于平衡的图片或实物，感受平衡在生活中的运用。

绘本《美丽的螺旋》相关活动设计

图 13-1 《美丽的螺旋》封面

绘本内容简介

大自然中有各种各样的螺旋，冬眠的牛蛇，遇到危险的刺猬，海马的尾巴，圆蛛的网，翻卷的浪花……精美的螺旋世界，是舒服的、美丽的、不断成长的，拥有无限可能。绘本《美丽的螺旋》用精练优美的语言将螺旋世界的美丽与奇妙展现在幼儿眼前，带领幼儿感受蕴含于大自然中的美与力量。

基于绘本的活动设计思路

自然界中有许许多多的东西都是以螺旋状存在的。绘本《美丽的螺旋》以自然界中的螺旋为主线，引发幼儿观察与思考，发现螺旋的美妙与神奇，感受蕴含于大自然之中无穷的美与力量，感知与理解动植物螺旋的外形特征与其生存环境之间的关系。教师以该绘本为载体，设计了大班集体科学活动“美丽的螺旋”，引导幼儿感受大自然中螺旋的丰富多样和螺旋在生活中的运用。

美丽的螺旋（大班）

活动目标

- 认识螺旋形，感知螺旋的特征及螺旋形物品的丰富多样。
- 寻找身边的螺旋形物品，了解螺旋在生活中的运用。

活动准备

- 经验准备：幼儿阅读过绘本《美丽的螺旋》，记录自己最喜欢的或印象最深的螺旋；幼儿事先收集生活中有螺旋形状的物品。
- 材料准备：课件“美丽的螺旋”，打印绘本中螺旋的图片（操作卡），分类板，衣服底图，颜料，彩笔，毛线，裤子，磁力片，水桶，钉有钉子和螺丝钉的木板，起钉器，螺丝刀，扭扭棒等。
- 环境创设：将幼儿收集的螺旋形物品布置成螺旋展览会。

活动指导

一、交流绘本中的螺旋，引导幼儿感知大自然中螺旋形物品的丰富多样。

引导语：前几天我们阅读了绘本《美丽的螺旋》，谁愿意来说一说你最喜欢哪个螺旋、它是什么样的？

二、分类游戏，引导幼儿了解螺旋的特点。

1. 分类游戏，初步感受螺旋的特点。

引导语：绘本里介绍了各种各样的螺旋，我们一起来看看有哪些螺旋、它们是什么样的。老师把这些螺旋（即操作卡）打印出来，请你们认真看一看、想一想哪些螺旋是相似的，可以把它们放在一起，看一看你能分出几种。

2. 分享操作结果（参见图 13-2），梳理小结螺旋的特点。

引导语：谁愿意来说说你是怎么分的？为什么这样分？

小结：我们发现螺旋有许多不同的种类，有的螺旋是一条线从中心开始绕圈圈，越绕越大；有的螺旋是很多条线绕着中心向外旋转，越来越大；有的螺旋是很多条线从中间向外面扩展；有的螺旋是绕着一条中心轴向外或者向上扩展，慢慢变大。总之，螺旋就是一种围绕中心点旋转延伸的形状。一条线或几条线从中心点开始不断围绕中心点向外或向上伸展，形成一个好像螺丝纹理的形状。

图 13-2　分类板

三、幼儿参观螺旋展览会，了解螺旋的作用。

引导语：螺旋不是只有一种，而是有着不同的样子。小朋友也收集了生活中的螺旋形物品，老师把收集来的物品布置成了螺旋展览会，快来找找螺旋藏在哪里，想想它有什么作用。你最喜欢展览会上的哪个螺旋，它有什么作用？（如螺旋图案——美观；旋转楼梯、电话线——节省空间；弹簧、螺丝、盘山路——省力……）

四、引导幼儿多形式表现螺旋，进一步感知螺旋的特点与作用。

1. 介绍游戏材料与规则。

（1）动作表现组：五人一组，尝试用动作来表现螺旋。

（2）创意表现组：尝试用底图、颜料等，以绘画、印画等方式画出螺旋装饰衣服底图；用扭扭棒做出不同的螺旋。

（3）生活收纳组：尝试将毛线、裤子用螺旋的方式进行收纳。

（4）制作体验组：尝试用扭扭棒制作螺旋钓起磁力片、水桶等重物；尝试用起钉器和螺丝刀将木板上的钉子和螺丝钉拔起。

2. 分享交流，引导幼儿进一步感受螺旋的特点与作用。

引导语：谁愿意来分享你刚才玩了什么，有什么发现？

五、抛出问题，拓展延伸活动。

引导语：今天我们了解了螺旋在生活中的运用。回家以后可以再去找找还有哪里有螺旋形物品，想想它有什么作用，下次我们再来分享。

活动建议

· 本活动开展前要让幼儿阅读绘本，并寻找绘本中自己最喜欢的螺旋，说一说它的样子和自己的感受，这一点对交流讨论类的活动来说是非常重要的。在活动中，幼儿的前期经验如果充分，就能很自然地参与活动；如果幼儿没有经验或经验不足说不出来，那么他就无法参与。

活动延伸

· 区域活动：（1）在语言区投放绘本，引导幼儿继续阅读并记录。（2）在科学区投放纸、吸管、木棍等材料，引导幼儿制作好玩的螺旋——风车。（3）在美工区投放螺旋尺，引导幼儿绘画螺旋，并根据螺旋的特点进行创作。

· 家园共育：鼓励幼儿回家与家长一起寻找生活中的螺旋形物品，让幼儿进一步感受螺旋在生活中的广泛应用。

绘本《水是从哪儿来的?》相关活动设计

图 14-1 《水是从哪儿来的?》封面

绘本内容简介

绘本《水是从哪儿来的?》从幼儿的视角出发，用通俗易懂的语言和形象生动的画面为幼儿讲述了有关水的知识。绘本展示了水对人类、动物及植物生命的重要作用；通过实验“发现水蒸气”，向幼儿介绍了水的不同形态；借助水循环的足迹，直观地解释水的三种形态之间的相互转化；通过水的旅行，说明了水是如何塑造大自然，而人类又是如何利用水的。

基于绘本的活动设计思路

绘本《水是从哪儿来的?》主要围绕“水的特性”介绍了关于水的科学知识。通过阅读绘本，幼儿可以初步了解水的用途、水的三态变化、水是怎样来到我们身边的等知识。绘本在普及科学知识的同时，也向幼儿传递了水资源来之不易的知识，有利于培养幼儿珍惜和保护水资源的意识。通过前期自主阅读绘本，幼儿可能提出各种各样的问题：生物体内充满水，这是真的吗?水蒸发后去哪儿了?怎样证明水蒸气飘浮在空气中呢?污水真的可以通过过滤的方法变干净吗?……这些问题都能激发幼儿思考和探究的欲望。

随着自主性和探究能力的提高，大班幼儿有强烈的想要通过实验验证自己的猜测、解决问题的愿望。同时，他们也具备了小组合作学习、制订计划的能力，可以共同探究感兴趣的话题。因此，教师以该绘本为载体，以“把水变干净”为切入点，设计了大班集体科学活动“‘多变的水’实验计划”“‘多变的水’实验报告分享会”和区域活动“‘多变的水’实验之一”“‘多变的水’实验之二”。首先，教师围绕幼儿最感兴趣的“怎样把水变干净?”的问题，组织集体教学活动，引导幼儿学习制订和调整实验计划，培养幼儿合作学习和思考的能力。其次，教师利用区域活动引导幼儿迁移制订实验计划的经验，按照制订的实验计划进行“把水变干净”“水的三态”实验、制作实验报告，从而理解水的净化和三态转化现象，培养幼儿的观察、分析能力以及在探究中和他人合作与交流的能力。最后，教师借助实验报告分享会的形式，让幼儿有更多的机会与同伴交流自己在实验活动中的做法、想法和发现，同时在这个过程中学习如何有序地表达自己的实验过程，帮助幼儿提高表达能力。

“多变的水”实验计划（大班）

活动目标

· 了解实验计划包含的内容，尝试与同伴合作制订实验计划。
· 能用多种符号记录讨论结果。
· 能清楚、有序地向同伴介绍实验计划的内容。

活动准备

· 经验准备：幼儿阅读过绘本《水是从哪儿来的?》，初步了解水的用途、三态变化、水的循环利用等知识；幼儿事先分组，收集“把水变干净”的方法，并制订出初步的实验计划。

· 材料准备：绘本《水是从哪儿来的?》，小组收集的资料，小组设计的实验计划。

活动指导

一、绘本导入，引发幼儿实验的兴趣。

引导语：前几天，我们一起阅读了《水是从哪儿来的?》这本绘本，这本绘本告诉我们哪些和水有关的信息？你对哪个问题最感兴趣？很多小朋友想探究“怎样把水变干净?”这个问题。我们在区域中也通过小组合作的方式制订了“把水变干净”的实验计划，一起来看看吧！

二、幼儿分享与交流实验计划，了解实验计划的组成部分与要点。

1. 各小组代表介绍本组制订的“把水变干净”实验计划的主要内容。

引导语：请每组各派一名代表介绍你们制订的实验计划。

2. 通过比较发现各小组实验计划的优点与不足。

引导语：关于“把水变干净”的实验计划，你们看懂了吗？听明白了吗？你们觉得哪一个计划更完整？为什么？大家有什么好的建议要给他们？

3. 帮助幼儿梳理实验计划的组成部分和要点。

引导语：通过刚才的分享，你们认为要制订一份完整的实验计划，需要设计哪些内容呢？

小结：设计的内容有参加的人、需要的材料、实验的步骤或方法、备注；实验的材料要画完整、具体，最好写出数量；步骤或方法图要列点、按顺序画，可以用简单的符号表示；在实验过程中，我们可能还需要根据情况进行调整和修改。（参见图 14-2）

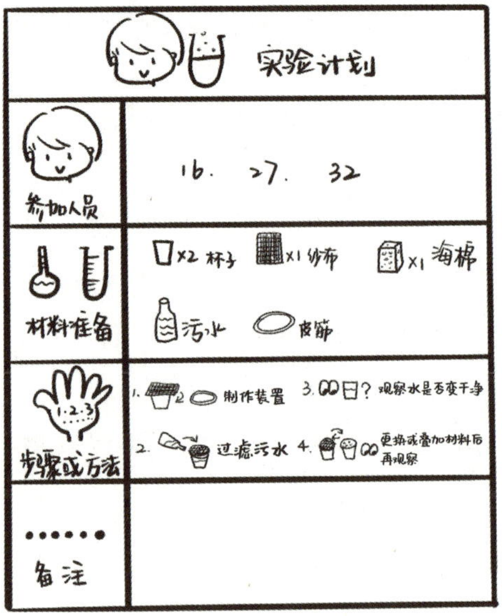

图 14-2　实验计划

三、幼儿迁移经验，各小组调整、完善实验计划。

1. 梳理要点，小组交流与修改。

引导语：今天我们学会了制订实验计划，知道一份完整的实验计划包括哪些内容。现在小朋友们可以看看自己小组的“把水变干净”实验计划，想想完善了吗、还可以怎么调整。

2. 各小组分享计划的调整内容。

四、提出问题，引导幼儿对其他实验进行思考。

引导语：今天，我们学会了制订完整的实验计划。大家还可以小组合作，为你们感兴趣的“水的三态变化”问题制订实验计划，制订好以后还可以收集材料到区域里去试一试。

活动建议

• 本活动开展前，教师可以在幼儿阅读完绘本后组织幼儿分享和讨论，梳理出幼儿阅读后产生的关于“多变的水”的各种疑问，激发幼儿参加实验活动的兴趣，培养幼儿实验求证的科学探究精神。

• 制订实验计划的活动建议四人一组，围绕幼儿最感兴趣的问题制订实验计划。小组合作的人数不宜过多，要让每一个幼儿都有参与感。

• 分享计划环节，可以让各小组派代表对本组的“把水变干净”实验计划进行讲解，请其他组的幼儿给出意见或建议，鼓励幼儿对本组计划内容的不足之处进行相应的调整。教师可帮助幼儿在实验计划上标注简单的文字说明。

• 教师在指导幼儿修改与调整实验计划的过程中，应引导幼儿参考自己收集到的资料或绘本中的实验，讨论出本小组实验的主要内容，完成实验计划表（参加人员、材料准备、步骤或方法、备注）的填写。

• “水的三态变化”也是幼儿感兴趣的问题。教师可以引导幼儿迁移制订“把水变干净”实验计划的经验，在区域活动中分小组制订“水的三态变化”实验计划。教师可再开展一次集体教学活动，请幼儿介绍小组制订的实验计划。教师要对实验计划的完整性进行指导。

活动延伸

• 区域活动：小组成员可以在科学区实施本小组的实验计划，并记录自己的实验发现；鼓励幼儿设计其他实验计划。

“多变的水”实验之一（大班）

活动目标

• 尝试按照小组设计的“把水变干净”实验计划进行实验，体验实验探究的乐趣。

• 初步感知过滤现象，探究用过滤方法把污水变干净的过程。

·能仔细观察实验现象，并用数字、图画等方式记录自己的实验结果，制作实验报告。

活动准备

·经验准备：幼儿活动前已制订好“把水变干净”的实验计划。

·材料准备：污水（泥沙混合水），过滤材料（纱布、棉花、海绵、湿纸巾、过滤网等），橡皮筋，透明杯子，实验报告记录表，纸，笔。

活动指导

一、幼儿自主选择同伴合作，根据自己的实验计划选择材料进行“把水变干净”的实验。

实验步骤：（1）选择过滤材料，用橡皮筋将其固定在透明杯子口，制作简易的过滤杯。（2）将污水倒进过滤杯里，观察材料的过滤情况，并尝试用更换、增加过滤材料的办法改进过滤杯，思考让水变得更干净的办法。

二、记录实验结果：用图示、符号记录材料过滤污水的情况，完成实验报告。（参见图 14-3）

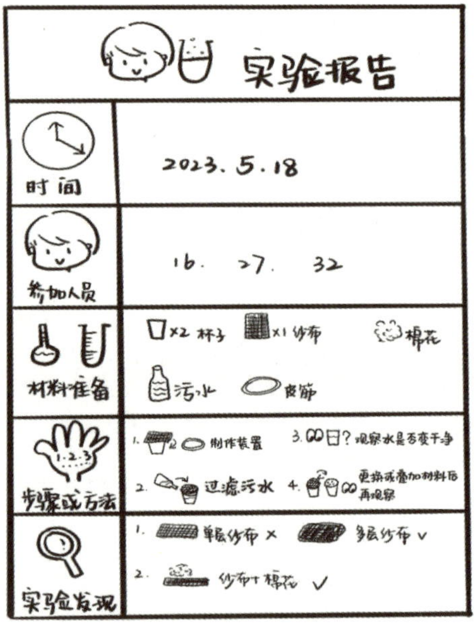

图 14-3　实验报告

活动建议

· 本活动可以采用区域活动的形式开展。

"多变的水"实验之二（大班）

活动目标

· 尝试按照自己制订的计划进行实验，体验实验探究的乐趣。
· 通过实验理解水、冰、水蒸气三态之间相互转化的现象。
· 能用数字、图画等方式记录自己的实验结果，并制作实验报告。

活动准备

· 经验准备：幼儿初步制订"水的三态变化"实验计划。
· 材料准备：水、制冰格、冰箱、透明电热水壶、盖子等。

活动指导

一、小组合作，探究水的三态变化。

实验步骤：（1）先将水装进制冰格里，然后放进冰箱冷冻2小时以上。引导幼儿观察并记录水在冰冻前后的样态。（2）取出制冰格里的冰块，将冰块放在透明电热水壶里加热，直至沸腾并出现水蒸气。引导幼儿观察冰块遇热融化、沸腾变水蒸气的现象。（3）给透明电热水壶加盖，等待水蒸气遇盖后变成水珠。引导幼儿观察水蒸气转化成水珠的过程。

二、整理实验的结果，合作完成"水的三态变化"实验报告。

活动建议

· 本活动可以采用区域活动的形式开展。实验需在成人在场的情况下进行，建议各小组依次进行，便于教师逐一指导。

· 鼓励或协助幼儿将实验中观察到的现象用图示、照片或视频记录下来，作为实验报告的内容，便于后期的分享与交流。引导幼儿完成实验报告中最后一项“实验发现”的填写。

· 幼儿在实验的过程中不一定能一次成功，教师要引导幼儿分析实验失败的原因，通过不断调整，获得成功。

“多变的水”实验报告分享会（大班）

活动目标

· 对参加水的实验活动感兴趣，感受水在生活中的各种形态与变化。

· 能借助实验报告清楚、连贯、有序地表达自己的实验过程与发现。

活动准备

· 经验准备：各小组完成了实验，对实验的发现进行了小组梳理。

· 材料准备：实验报告、小组实验视频。

· 环境创设：用幼儿的实验结果布置“多变的水”实验馆。

活动指导

一、引导幼儿参观“多变的水”实验馆。

引导语：前段时间，大家在区域里小组合作实验，并制作了实验报告。今天，每个小组都展示了自己的实验结果，我们一起去看看吧！

幼儿自由参观，了解各种实验结果。

二、各组分享实验成果。

1. 提出汇报要求。

要求：有序地讲清楚实验内容、实验材料、实验过程和实验结果或观察到的现象。可以简单讲述实验过程中遇到的问题和解决办法。

2. 各小组代表交流实验报告。

分别邀请探究“把水变干净”“水的三态变化”的小组成员介绍本小组的实验情况与结果，其他幼儿观看小组实验视频，听取小组汇报并提问题，请汇报的小组成员解答。

三、梳理与总结。

1. 结合各小组的实验报告，给予幼儿肯定与建议。

2. 收集新问题。

引导语：在实验的过程中，你们是否遇到困难、是怎样解决的？你们是否有新的发现？

活动建议

· 本活动开展前可以先将班级划分成若干实验馆，让各小组幼儿参与体验，再借助各小组的实验报告和视频进行分享交流。

· 交流过程中，可以请各小组派代表进行分享，其他成员补充说明。分享的内容以本小组的实验过程和实验结果为主，还可以简单描述本小组实验过程中遇到的问题与解决方法。

· 不论实验的过程与结果是否完美，教师都要对幼儿的小组合作学习予以肯定与鼓励，帮助幼儿找到问题和梳理总结经验。

活动延伸

· 区域活动：在区域活动中各小组成员可参与其他组的实验，互相交流。

· 家园共育：鼓励幼儿回家后与家长分享自己参与的实验过程和实验报告。

绘本《一粒种子的旅行》相关活动设计

图 15-1 《一粒种子的旅行》封面

绘本内容简介

《一粒种子的旅行》是一本关于植物生命奇迹的精美绘本，讲述了植物种子的传播方式。人类去长途或短途旅行时，可以乘坐火车、汽车甚至飞机，那么，植物是怎样传播种子的，如何生长、繁殖，让绿色铺满大地的呢？在绘本中，作者介绍了植物的多种“旅行”方法，如老鹳草用“小勺子”把种子抛出去，蒲公英的种子随着“降落伞”在风中旅行，草莓依靠匍匐茎传播……种种奇妙的方法，展现了大自然的神奇力量。

基于绘本的活动设计思路

绘本《一粒种子的旅行》介绍了许多植物种子的传播方式。种子不管落在哪里，都会不断地生长、繁殖。绘本将种子不同的传播方式用生动的语言进行讲述，其中主要介绍了三种常见的传播方式：借自身弹力传播、靠风力传播、靠动物传播。这些自然界植物的旅行方法激发了幼儿进一步探索的兴趣，能够吸引幼儿观察、比较和探究。因此，教师以该绘本为载体，设计了大班集体科学活动“种子旅行记”。

活动前，教师要帮助幼儿做好前期的经验准备，可以通过亲子阅读绘本，支持幼儿初步了解常见的几种种子传播方式，并将自己感兴趣的种子传播方式用绘画的方式记录下来。活动中，教师先引导幼儿讲述自己感兴趣的种子传播方式，并运用思维导图帮助幼儿将种子的传播方式进行分类；再通过分组阅读、记录分享，结合图示使幼儿了解种子的外形特征与传播方式之间的关系，这是本次活动的重难点；最后引导幼儿通过观看视频了解种子的其他传播方式，拓展幼儿的经验。延伸活动中，引导幼儿根据种子的外形特征判断种子的传播方式，让幼儿在趣味的分类游戏中巩固对种子传播方式的了解。

种子旅行记（大班）

活动目标

- 初步了解几种常见的种子传播方式，知道种子的外形特征与传播方式之间的关系。
- 能与同伴合作探索种子传播的奥秘，大胆交流自己的观点。
- 对阅读科学绘本有兴趣，会带着问题寻找答案。

活动准备

- 经验准备：幼儿阅读过绘本《一粒种子的旅行》，并绘画出自己感兴趣的种子传播方式；幼儿知道植物有种子，并认识几种常见的种子；亲子收集各种种子的图片。

· 材料准备：绘本《一粒种子的旅行》，视频“种子的传播”，幼儿收集的种子图片，贴有种子三种主要传播方式标志的分类板。

活动指导

一、绘本导入，引发幼儿对种子传播这一现象的兴趣。

引导语：最近我们一起阅读了一本有关植物的绘本，它的名字叫什么？绘本告诉我们植物是怎么旅行的呢？

二、引导幼儿讲述种子的传播方式并分类。

1. 幼儿讲述，回顾前期阅读获得的经验。

引导语：种子没有手、没有脚，它是怎么到高高的悬崖、到遥远的森林去的呢？种子是怎么旅行的呢？你们从这本绘本上找到答案了吗？我们一起再来看看绘本吧！

2. 逐页出示绘本，幼儿再次阅读。

3. 幼儿通过两两讲述和集体分享，交流自己感兴趣的种子传播方式。

引导语：你们还把自己最感兴趣的种子旅行的方式画下来了，来和大家分享一下吧！

4. 教师借助绘本及思维导图梳理种子的三种主要传播方式，幼儿尝试分类。

（1）运用思维导图进行梳理。

引导语：原来种子有很多旅行的方式，有的是靠弹射，有的是靠风的帮助，有的是靠动物的帮助。（参见图 15-2）

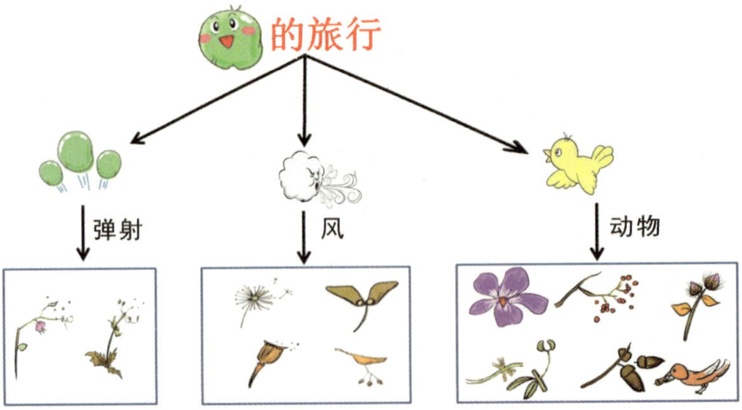

图 15-2 “种子的旅行”思维导图①

（2）出示分类板（参见图 15-3），引导幼儿对自己收集的种子传播方式进行分类。

引导语：想想你带来的种子是靠什么旅行的，把它贴在相应的分类板上吧！

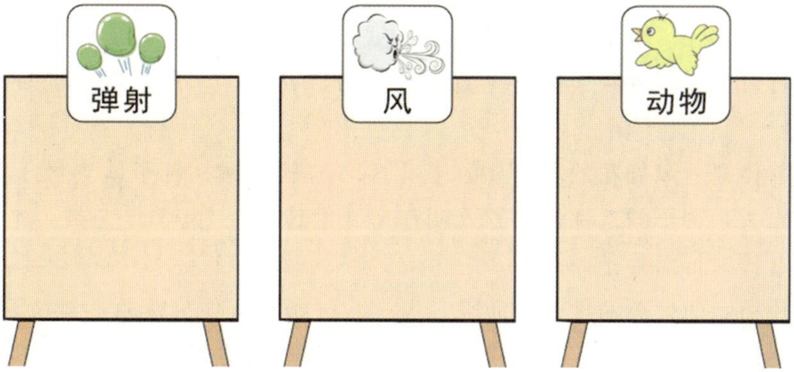

图 15-3　“种子的传播方式”分类板

三、引导幼儿了解种子的外形特征与传播方式之间的关系。

1. 引导幼儿按绘本中种子传播方式的类别自主分组，观察并记录绘本中种子的外形特征。

引导语：种子为什么可以靠弹射（风、动物）来旅行呢？它们的外形有什么特别的地方？说一说，把你的思考记录下来吧！

2. 结合思维导图（参见图 15-4）进行梳理，引导幼儿初步了解种子的外形特征与传播方式的关系。

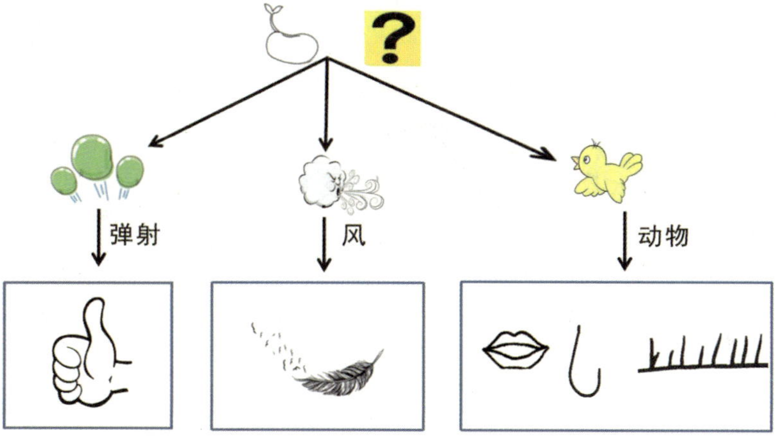

图 15-4　“种子的外形特征与传播方式的关系”思维导图

小结：种子的传播方式和它们的外形特征是有关系的。有的种子靠自己的本领来旅行；有的种子很小、很轻，所以靠风来帮助它们；靠动物来传播的种子很特别，有的靠香味、甜味来吸引动物，有的用钩子钩在动物身上。

3. 观看视频“种子的传播”，了解其他种子的传播方式。

引导语：除了绘本中介绍的旅行方式，种子还有其他的旅行方式吗？我们一起看看视频。视频中的种子是用什么方式传播的？用水传播的种子有什么特点？

弹射传播：凤仙花的种子躺在蒴果里，轻轻一碰，种子就会像子弹一样被弹射出去，种子的这种传播方式叫作“弹射传播”。大豆、芝麻、豌豆等植物也通过弹射传播种子。

风传播：蒲公英的种子小而轻，风一吹种子就会像降落伞一样随风出发，这种传播方式叫作“风传播”。槭树、野茼蒿等植物也通过风传播种子。

动物传播：番茄、樱桃和葡萄等植物的果实味道鲜美，被小动物吃掉后，没有被消化的种子会随粪便传播出去，这种传播方式叫作“动物传播”。苍耳、蒺藜、车前草等植物的果实带勾刺，容易挂在小动物的皮毛上，也通过动物传播种子。

水传播：莲蓬是荷花的果实，果皮含有气室能漂浮在水面上，它载着种子随着水流飘到远处，这种传播方式叫作“水传播”。椰子、水葫芦等植物也通过水传播种子。

小结：今天我们发现了种子传播的秘密，知道了种子传播的方式是多种多样的，还知道了种子的传播方式和它的形状、生长环境有很大的关系。（参见图 15-5）

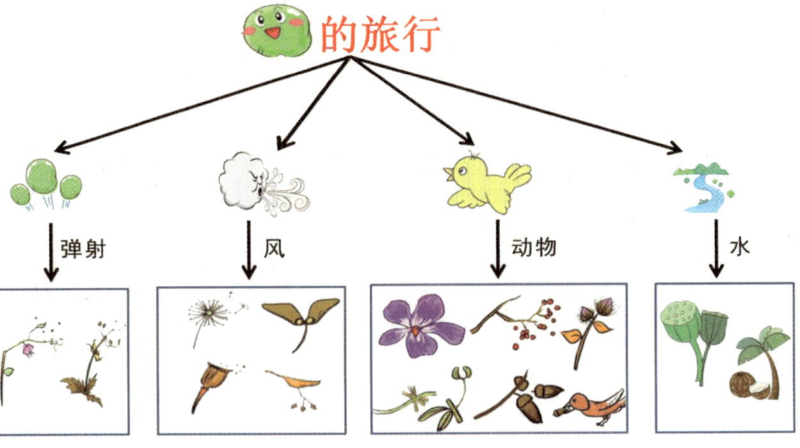

图 15-5 “种子的旅行”思维导图②

四、拓展延伸。

引导语：小朋友们带来了许多种子的图片，我们把这些图片放在科学区中，请你们仔细看看图片上的种子，想想它是靠什么旅行的，把图片分一分。我们还可以到生活中去寻找种子，观察、思考它是怎么旅行的。

活动建议

· 本活动要求幼儿具备比较充足的前期经验，因此在活动前可以引导幼儿与家长一起阅读绘本并将自己感兴趣的种子旅行方式画下来，同时还需要亲子查阅有关种子的资料，初步了解常见的种子。

活动延伸

· 区域活动：（1）在科学区继续投放不同种子的图片，引导幼儿对种子的传播方式进行分类。（2）将幼儿带来的种子图片布置成展板，并继续收集各种各样的种子投放在自然角供幼儿观察。

· 家园共育：鼓励幼儿与家长一起找找生活中的种子，认真观察种子，或者查阅资料，看看种子是怎么旅行的。

绘本《有魔法的草坪——凹凸镜》相关活动设计

图 16-1 《有魔法的草坪——凹凸镜》封面

绘本内容简介

绘本《有魔法的草坪——凹凸镜》中的蚂蚁丁丁和点点意外发现草坪有魔法，会把丁丁的胳膊和腿都变粗，还会把点点的身体变成和芝麻一样小，最后蝴蝶为它们揭秘：原来不是草坪有魔法，而是凹凸面镜有魔力，有着能让物体的像变大或缩小的奇妙本领。

基于绘本的活动设计思路

绘本《有魔法的草坪——凹凸镜》通过有趣的故事及蚂蚁丁丁、点点照镜子时成像的对比，引导幼儿了解凹面镜和凸面镜的成像特点。幼儿在阅读绘本的过程中可能会提出问题："为什么镜子中的蚂蚁丁丁的胳膊和腿都变粗了？镜子中的蚂蚁点点却变得和芝麻一样小？"绘本巧妙渗透了凸面镜照出的物品放大成像、凹面镜（近距离）照出的物品缩小成像的科学核心知识，引导幼儿产生探索凹凸面镜的兴趣。因此，教师以该绘本为载体，设计了大班集体科学活动"奇妙的镜子"。活动前让幼儿在科学区对各种镜子进行自由探索，初步感知凹面镜和凸面镜的成像特点。活动中结合绘本故事的有趣情节，设计"如何让镜子里的小蚂蚁变大或缩小？"的问题情境，尝试让幼儿在动手摆一摆镜子使丁丁变大、点点变小的实际操作中，进一步了解凹面镜和凸面镜的成像特点。

奇妙的镜子（大班）

活动目标

· 认识凹面镜和凸面镜，知道靠近凹面镜可以使物像缩小、靠近凸面镜可以使物像变大，体验发现不同镜面成像的乐趣。

· 能仔细观察、探索和记录，表达自己的想法和发现。

活动准备

· 经验准备：幼儿在区域活动中初步感知过平面镜、凹面镜、凸面镜的成像特点；幼儿寻找生活中的不同镜面并初步了解其作用；幼儿阅读过绘本《有魔法的草坪——凹凸镜》第 6～22 页。

· 材料准备：绘本《有魔法的草坪——凹凸镜》，自制蚂蚁丁丁和点点（在若干小积木上分别粘贴黑色蚂蚁和褐色蚂蚁图片，使其站立），凹面镜，凸面镜，镜架，“蚂蚁照镜子”操作记录表（参见表 16-1），固体胶，彩笔。

表 16-1　“蚂蚁照镜子”操作记录表

号数：＿＿＿＿＿＿

成像结果	镜面选择（用彩笔勾勒标出）
丁丁照镜子 	
点点照镜子 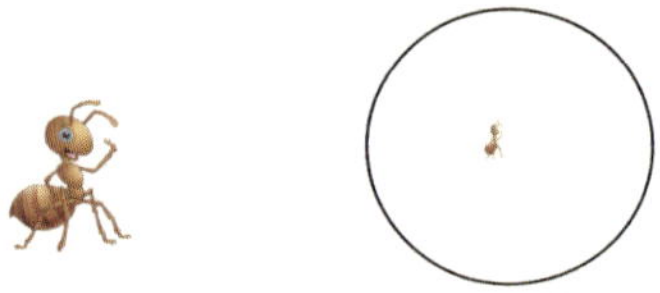	
其他发现	

活动指导

一、绘本导入，引导幼儿讨论：蚂蚁丁丁的胳膊和腿怎么变粗了？

引导语：丁丁为什么一下子有信心举起石子了？这是怎么回事？

二、第一次分组操作并记录：选择并摆放镜子，把蚂蚁丁丁照“大”，了解凸面镜的成像特点。

1. 抛出问题，引发幼儿对故事发展的猜想。

引导语：丁丁发现自己的胳膊和腿变粗了，他照的“魔法镜子”是怎样的？请你们猜一猜。

2. 请幼儿以三人为一组，选择镜子，摆放好自制蚂蚁丁丁与镜子的位置，并做记录。

引导语：请你们摆一摆，看看用什么镜子、怎么摆放，丁丁才会看到变大的自己。

3. 分享交流，引导幼儿了解凸面镜的成像特点。

引导语：你用了什么镜子？镜子的面有什么特点？凸面镜照出的东西会有什么变化？（靠近凸面镜可以使物像变大。）

三、第二次分组操作并记录：选择并摆放镜子，把点点照“小”，了解凹面镜的成像特点。

1. 抛出问题，引发幼儿对故事后续发展的猜想。

引导语：点点听说魔法草坪会把丁丁“变大”，也向草坪跑去，发生了什么事？为什么镜子里的点点会“变小”？

2. 幼儿再次操作，选择、摆放好蚂蚁点点与镜子的位置，并做记录。

3. 分享交流，引导幼儿了解凹面镜的成像特点。

引导语：点点照什么样的镜子时发现自己“变小”了？凹面镜有什么特点？（靠近凹面镜可以使物像变小。）

四、出示绘本，引发幼儿继续探索凹凸面镜的兴趣。

引导语：你们帮丁丁和点点摆放凹凸面镜时，还发现了更多的秘密。摆放的位置不对时，凸面镜里的丁丁不仅没变大，还变得更小了，真奇怪。你们可以到探索区继续和凹面镜、凸面镜做游戏。

活动建议

· 本活动能否顺利开展与幼儿的前期经验密切相关，因此，幼儿应该先熟悉平面镜成像的原理，并在区域中了解凸面镜、凹面镜的外形特征，初步发现两者成像的不同。

· 在摆放镜子的游戏中，幼儿遇到主要的问题在于镜子如何摆放才能出现预设结果，镜子与物体的摆放距离会直接影响实验结果。因此在活动过程中，教师要注意引导幼儿发现镜子和物体的距离与物体成像大小的关系，然后再给充足的时间让幼儿摆放和调整。

活动延伸

· 区域活动：（1）在科学区投放更多类型的镜子、不同镜子成像结果的图片及其在生活中运用的照片，让幼儿继续探究并匹配图片。（2）在语言区继续投放绘本，引导幼儿自主阅读绘本，了解更多关于镜面成像的秘密。

· 家园共育：鼓励幼儿回家向家长介绍自己对凹面镜和凸面镜的发现，引导家长带领幼儿共同寻找各种镜面在生活中的运用，并用拍照等方式记录。

绘本《咚咚锵，尽情敲锣打鼓吧！》相关活动设计

图 17-1 《咚咚锵，尽情敲锣打鼓吧！》封面

绘本内容简介

绘本《咚咚锵，尽情敲锣打鼓吧！》从幼儿的视角出发，通过猴子啦啦队探索声音的故事，带领幼儿走进声音的世界，探究声音的秘密。绘本用大量的图片和可操作的实验，将看不见的声音具象化、可视化，充满趣味。绘本开篇从观察鼓和钹引发幼儿对声音的关注；接着通过彩色纸片实验和制作橡皮筋古筝，告诉幼儿声音是物体振动产生的且物体振动的幅度和频率影响声音的大小和高低；然后通过鸵鸟老师的抗议和制作丝线电话，让幼儿了解到声音可以通过空气、丝线等传播。

基于绘本的活动设计思路

声音是生活中常见的物理现象，是幼儿了解世界的重要信息来源。绘本《咚咚锵，尽情敲锣打鼓吧！》正是围绕声音展开的，通过有趣的实验和制作，由浅入深地带领幼儿探究声音，在阅读了解、实验探究中发现声音的奥秘。绘本所蕴含的关于声音的特性、产生以及传播的科学知识，能帮助不同年龄段的幼儿获取相应的科学领域关键经验。因此，教师以该绘本为载体，结合不同年龄段幼儿的认知水平及特点，分别设计适合小、中、大班幼儿的科学活动。

在小班集体科学活动“奇妙的声音”中，教师通过绘本阅读引发幼儿关注生活中各种各样的声音，引导幼儿探索让物体发出声音的各种办法，感知不同的物体会发出不同的声音，最后结合绘本中的实验启发幼儿在区域活动中继续探究，进一步感知物体发出声音时振动的现象。

绘本中的游戏“打电话”让幼儿了解“声音可以通过线绳传播”，这也是中班幼儿所要掌握的科学领域关键经验。另外，“打电话”需要的传话筒制作简单，对幼儿手部精细动作的要求不高，符合中班幼儿手部肌肉的发展水平。因此，在中班开展“传话筒”的制作和实验，符合幼儿的年龄特点和探究能力。在中班集体科学活动“奇妙的传话筒”中，教师通过回顾绘本内容和观察传话筒成品的环节，引导幼儿合作制作传话筒并进行游戏，让幼儿获得“声音可以通过线绳传播”的关键经验，用充足的证据再次验证绘本中的科学原理。

在动手能力方面，大班幼儿明显比中班幼儿强，他们喜欢挑战，乐意带着问题动手开展探究、寻求答案。绘本中的橡皮筋古筝引起了他们的兴趣。他们从绘本的图片和“古筝”成品中发现并收集了制作材料，在教师的引导下设计了橡皮筋古筝制作步骤图。大班集体科学活动“橡皮筋古筝”重在帮助幼儿获得“声音音调与橡皮筋的关系”这一科学核心知识。活动开始时让幼儿充分交流，说说自己的设计，引导幼儿在交流中互相学习；接着幼儿根据自己设计的步骤图进行制作，教师鼓励幼儿在制作的过程中思考并在步骤图上做记号，这样有利于帮助幼儿验证自己的思考设计是否合理，方便接下来的调整；在制作后的交流环节，教师结合绘本故事提出挑战"怎样让音调变高?",激发幼儿展开新一轮的探索,感知和发现音调的高低与橡皮筋的长短、松紧、粗细有关。整个活动鼓励幼儿在制作的同时进行科学的思考,并对自己的猜测进行验证,发展幼儿的探究能力。

奇妙的声音（小班）

活动目标

- 对绘本中关于声音的科学现象感兴趣，乐于探索不同物体发出的声音。
- 感知不同的物体会发出不同的声音。
- 学习用多种感官进行探究，乐于表达自己在观察中的发现。

活动准备

- 经验准备：幼儿已熟悉鼓、钹、小铃、三角铁的演奏方法。
- 材料准备：绘本《咚咚锵，尽情敲锣打鼓吧!》，生活中各种声音的录音，玻璃杯、塑料盆、不锈钢碗等生活用品。

活动指导

一、绘本导入，激发幼儿探索声音的兴趣。

1. 观察绘本封面，引发幼儿对声音的关注。

引导语：封面上的动物在做什么？他们有的敲大鼓，有的摇铃鼓，还有的吹喇叭，热闹极了！他们为什么这么高兴呢？

2. 讲述绘本第 2～10 页，引导幼儿回忆生活中的声音。

引导语：狮子老师决定让小猴们做什么？啦啦队用声音为运动员加油，除了整齐地呐喊助威，他们还敲鼓敲钹。声音的作用可真大。你们在生活中听到过哪些声音？一起说说吧！现在我们一起听一听录音，猜猜这是谁的声音。

小结：只要我们留意听，就会发现身边有各种各样的声音。今天我们就来和声音一起玩游戏。

二、幼儿初次探索，尝试让身边的物品发出声音。

1. 出示生活用品，用提问引发幼儿的猜测。

引导语：大家找到哪些东西？怎样做能让它们发出声音？

2. 幼儿自主尝试让物品发出声音。

3. 交流分享让物品发出声音的各种办法。

引导语：你们刚才是怎么做的？它们发出声音了吗？

小结：你们的办法可真多，敲一敲、摇一摇、碰一碰、弹一弹，可以让它们发出声音。

三、幼儿再次探索，感知不同的物体会发出不同的声音。

1. 提问引发猜测。

引导语：我们用了许多办法让这些物品发出了声音，那么这些声音一样吗？

2. 幼儿自主尝试并仔细聆听。

3. 结合简单的图示帮助幼儿描述声音。

引导语：你刚才让什么东西发出了声音？它的声音是什么样的？你能学一学吗？

小结：声音真奇妙，不同的物体会发出不同的声音。

四、结合绘本，引导幼儿在区域中继续探究。

1. 观察绘本第 12～13 页的画面（参见图 17-2）。

引导语：当物品发出声音时，还藏着一个秘密，你们看，小猴子是怎么做的？

小结：当小猴子轻轻敲鼓时，鼓发出的声音就小，纸片轻轻颤动；当小猴子用力敲鼓时，鼓发出的声音变大，纸片跳动的幅度也变大。

图 17-2 《咚咚锵，尽情敲锣打鼓吧！》内文画面①

实践篇

2. 引导幼儿结合实物操作探究。

引导语：老师将小猴子用到的小鼓、彩色纸片也放到了科学区里，请你们继续到科学区里玩一玩，再把你们的发现告诉大家。

活动建议

· 本活动第二环节需要幼儿认真倾听各种物品发出的声音，如果互相干扰，会影响效果，所以建议分组进行，一次的人数约为 15 个。注意让幼儿在动手操作时保持一定的距离。

· 探索中幼儿会发现不同的物体发出的声音是不一样的，他们会模仿不同的声音。声音是抽象的，为了让幼儿更好地描述，建议教师用线条和形状对声音进行可视化表征，为幼儿将来用图示表征打下基础，如尖尖的声音可以用尖锐的三角形来表示，粗粗、沉闷的声音可以用实心的圆形来表示。

· 鼓励幼儿仔细聆听周围不同的声音，如自然界的声音、电器运转时发出的声音、汽车行驶时的声音等，从小培养幼儿的好奇心和探究的兴趣。

活动延伸

· 区域活动：在音乐区投放各种乐器，如鼓、钹、锣、三角铁、吉他、尤克里里等，鼓励幼儿通过听、看、摸等方式感知物体发出声音时振动的现象。

· 家园共育：将绘本分享给家长，鼓励家长和幼儿再次阅读，带领幼儿展开实验，继续感知发现物体发出声音时振动的现象。

奇妙的传话筒（中班）

活动目标

· 学习看步骤图制作传话筒，体验制作的快乐。

· 感知声音能通过线绳进行传播，知道拉紧传话筒的线绳时才能听清说话的声音。

活动准备

· 经验准备：师幼共同阅读过绘本《咚咚锵，尽情锣打鼓吧！》，幼儿对声音的产生有初步的认识。

· 材料准备：绘本《咚咚锵，尽情敲锣打鼓吧！》，教师事先制作好的传话筒，传话筒制作步骤图（参见图 17-3），一次性纸杯、笔芯（用于穿孔）、回形针（用于固定线头）、毛线、尼龙线、细麻绳、棉线、剪刀等传话筒制作材料。

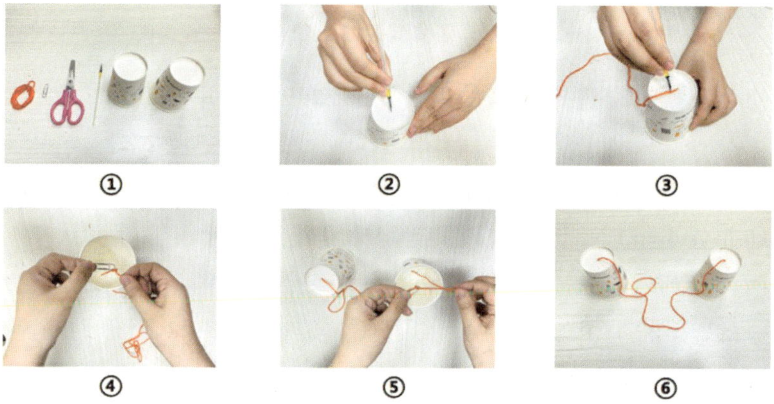

图 17-3　传话筒制作步骤图

活动指导

一、绘本导入，激发幼儿动手制作传话筒的兴趣。

引导语：最近，班级开展了声音的主题活动，我们一起探究了声音，还看了一本有趣的绘本，说一说你们在绘本里看到了什么。

小结：就像绘本里说的，物体在发出声音的时候会振动。绘本还告诉我们声音可以通过空气、木头、铁、线绳之类的东西传播。

引导语：为了证明声音能通过线绳传播，小猴子们还玩了一个“打电话”的游戏，你们知道怎么玩吗？（出示绘本第 20～21 页的画面，参见图 17-4）两个人离得远远的，真的能通过线绳听到悄悄话吗？今天我们就来制作传话筒，玩一玩这个游戏吧！

图 17-4　《咚咚锵，尽情敲锣打鼓吧！》内文画面②

二、幼儿观察、交流传话筒的制作材料和步骤，并学习看步骤图制作传话筒。

1. 出示教师事先制作好的传话筒，引导幼儿观察、交流制作材料和步骤。

（1）幼儿分小组观察传话筒，猜测制作步骤。

引导语：老师看着绘本里的画面也做了一个传话筒，你们看，它是用什么材料做成的？一根绳子怎样将两个纸杯牢牢地连起来呢？请你们轮流来观察传话筒，仔细看一看它们连接的秘密，再想一想、猜一猜传话筒是怎么做成的。

（2）幼儿分享交流自己的发现与猜测。

引导语：你们发现连接的秘密了吗？制作传话筒要先做什么，再做什么？

2. 引导幼儿自主看步骤图，理解制作难点。

（1）出示步骤图，鼓励幼儿观察并提出问题。

引导语：这是制作传话筒的步骤图，和你们刚才猜想的一样吗？有什么地方看不明白吗？

（2）根据幼儿的实际情况，重点讲解步骤图中穿线、固定线头等难点。

3. 幼儿两人一组，学习按步骤图的提示制作传话筒。

幼儿自主选择粗细不同的线绳合作制作传话筒。教师鼓励幼儿想办法将线绳头穿过一次性纸杯底部的小孔，并观察幼儿在制作中遇到的困难及解决问题的方法。

4. 师幼分享交流。

引导语：你们的传话筒做好了吗？你们用了哪一种线绳？怎么做的？遇到了什么困难？怎么解决？

三、玩游戏“打电话”，验证声音能通过线绳进行传播。

1. 提出游戏要求。

引导语：两个人站得远远的，把线绳拉紧，一个人对着纸杯说悄悄话，另一个人耳朵贴着纸杯仔细听。请你们和好朋友找一个宽敞的地方玩“打电话”的游戏吧！

2. 幼儿用传话筒玩游戏，教师观察。

3. 分享交流。

引导语：你们用传话筒能听清好朋友说的话吗？为什么？

小结：虽然两人距离很远，但悄悄话还是通过线绳传了过来。狮子老师正是通过这个实验告诉小猴子们声音可以通过线绳传播。

四、结合绘本提出问题，引发幼儿延伸活动。

引导语：故事里的小猴子们还发现传话筒的线绳紧绷时和松弛时听到的声音不一样，你们发现了吗？请小朋友们再到科学区里去试一试吧！

活动建议

· 本活动容量较大，宜设计为半日活动。建议将第一、二环节作为一个集体教学活动来开展。第三、四环节需要给予幼儿充分的时间游戏、思考与分享，建议放到另外的时间完成，让幼儿得到充分的体验，保证活动的质量。

· 部分幼儿可能存在看步骤图制作困难的情况，因此要特别关注这一难点是否解决，提供充足的时间让幼儿克服困难坚持完成制作。

· 制作中鼓励能力强的幼儿选择多种线绳制作传话筒，这样能帮助他们获得更多的体验。在时间允许的情况下，“打电话”游戏后的分享环节应引导幼儿演示用不同线绳制作的传话筒，让幼儿有充分表达交流的机会，促进同伴间的互相交流和各种观点的碰撞。

· 鼓励幼儿回家向家长介绍传话筒，一起玩游戏“打电话”，充分体验，在成人的引导下用眼睛看、用手触摸，感受说话时线绳的振动，进一步体会声音沿着线绳传播的原理。

活动延伸

· 区域活动：引导幼儿在科学区中继续制作传话筒，并探究话筒线在拉直与松弛的情况下、话筒线材料不同的情况下的传话效果。

·家园共育：将绘本分享给家长，鼓励家长和幼儿再次阅读绘本，带领幼儿展开实验，继续发现声音通过其他媒介传播的科学原理。

橡皮筋古筝（大班）

活动目标

·能按自己设计的步骤图制作橡皮筋古筝，并不断调试，体验成功的乐趣。

·感知并发现声音音调的高低与橡皮筋的长短、粗细、松紧有关。

·能用语言讲述自己在制作橡皮筋古筝中的探索与发现。

活动准备

·经验准备：幼儿已了解关于声音的产生、传播的知识，在区域活动中玩过橡皮筋古筝并尝试设计橡皮筋古筝制作步骤图；幼儿阅读过绘本《咚咚锵，尽情敲锣打鼓吧！》第2～15页。

·材料准备：不同粗细、长短的橡皮筋，工字钉，各种纸盒，幼儿设计的橡皮筋古筝制作步骤图，幼儿座号贴，幼儿操作记录表（参见表17-1），笔。

表17-1　幼儿操作记录表

		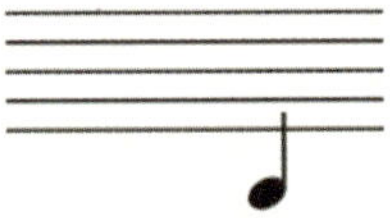
 动手试试		
 我的发现		

活动指导

一、回顾绘本第 2～15 页的内容，激发幼儿动手制作橡皮筋古筝的兴趣。

引导语：这段时间我们阅读了一本介绍声音的绘本，名字叫什么？绘本前半部分讲了什么内容？啦啦队除了敲鼓和钹，狮子老师还邀请小猴子们做什么？（橡皮筋古筝。）老师也做了一个橡皮筋古筝，放在科学区里，大家也都弹过了，你们有什么发现呢？

二、幼儿分享自己设计的橡皮筋古筝制作步骤图，交流制作的材料和步骤。

引导语：大家都想做这个乐器，还在区域活动中画了橡皮筋古筝制作步骤图。请你先和旁边的小朋友说一说你想怎么做。谁来展示步骤图，告诉大家制作需要的材料和步骤？

小结：原来想要做古筝，要先观察需要的材料，再想想先做什么、再做什么，然后可以像设计师那样把想法画出来，这样在制作的时候会让你更清楚制作的顺序。

三、幼儿尝试按步骤图制作，大胆分享自己的问题与发现。

1. 幼儿操作，教师重点观察幼儿是否按照步骤图制作及制作过程中遇到的困难。

引导语：大家可以看着步骤图开始制作。当你发现实际的制作过程和步骤图有不一样的地方，可以用笔做记号；当你遇到困难的时候，自己先想一想，还可以请其他小朋友或老师帮忙。

2. 展示幼儿制作的橡皮筋古筝，分享交流，体验成功的乐趣。

引导语：做好的小朋友可以把你的橡皮筋古筝放到前面的展示台上。你的古筝做出来了吗？谁愿意上来弹给大家听听？你是按步骤图做的吗？怎么做的？制作中遇到什么困难？你是怎么解决的？

四、结合绘本提出挑战，引导幼儿探索调试出音调高的琴弦，感知音调与橡皮筋的关系。

1. 结合绘本故事，提出挑战，引发幼儿思考。

引导语：古筝的琴弦声音有高有低，这样弹起来才好听，接下来我们一起看看狮子老师提出了什么挑战。狮子老师说声音太低沉了，怎样做才能让琴弦发出高音呢？你们想怎样解决？用了什么好办法？你们可以把自己的发现记录下来。

2. 幼儿调试，教师重点观察幼儿能否及时调整操作中遇到的问题。

要求：调整时注意安全使用工字钉，不要扎到手；调整时需要认真听才能发现琴弦声音的变化，因此要保持安静，小声交流，不影响别人；调整后仔细听音调是不是变高了，想一想为什么。

3. 参观橡皮筋古筝展览，幼儿互相弹奏同伴制作的橡皮筋古筝，交流发现。

引导语：橡皮筋古筝展览开始了，琴弦声音要有高有低才好听。你们互相弹一弹橡皮筋古筝，听听琴弦音调是不是有变化。

4. 引导幼儿分享交流，发现音调与橡皮筋的关系。

引导语：你们觉得哪一架橡皮筋古筝的声音最好听？为什么？你是怎么调整的？你发现了什么秘密？

小结：我们来看看记录表上大家的发现。原来音调的高低和橡皮筋有关，我们把橡皮筋变短、变细、变紧，音调就会变高。

5. 师幼共同阅读绘本第 16～17 页（参见图 17-5），验证幼儿的发现。

引导语：绘本中小猴子的发现和大家的发现一样吗？我们继续往下看。

图 17-5　《咚咚锵，尽情敲锣打鼓吧！》内文画面③

6. 鼓励幼儿在科学区中继续制作和调试橡皮筋古筝。

引导语：小朋友们制作了橡皮筋古筝，有的成功了，有的没成功。没关系！区域活动时，没成功的小朋友可以根据大家的建议进行调整，看看这次能不能成功；已经制作成功的小朋友可以试试用不同的材料制作古筝。

活动建议

· 制作中会用到工字钉，因此要特别提醒幼儿注意安全。

· 本活动需要幼儿认真倾听才能发现音调高低的细微变化，如果互相干扰，会影响效果。建议让幼儿找到合适的空间并注意幼儿之间要有一定距离。

· 在调试探索的过程中，由于时间的关系，是否记录可以根据幼儿的实际情况来决定。如果幼儿来不及记录，可以鼓励幼儿在区域活动中记录。

活动延伸

· 区域活动：引导幼儿在科学区中继续用橡皮筋制作古筝，进一步感知音调的高低与橡皮筋的长短、粗细、松紧之间的关系。

· 生活活动：引导幼儿在日常生活中关注声音的音量和音调与声源的关系。

绘本《豆豆大叔的磁铁游戏》相关活动设计

图 18-1 《豆豆大叔的磁铁游戏》封面

绘本内容简介

绘本《豆豆大叔的磁铁游戏》中豆豆大叔通过一系列的科学游戏带领幼儿认识了生活中常见的磁铁，了解了关于磁铁的科学知识，如磁铁能吸引铁制品，同极相斥、异极相吸，两极可以指示南北两个方向，电磁铁在生活中的运用……

基于绘本的活动设计思路

绘本《豆豆大叔的磁铁游戏》描述的科学原理生动有趣，设计的科学游戏简单、易操作，激发了幼儿对磁铁的好奇心和探索兴趣。因此，教师以该绘本为载体，分别设计了适合小、中、大班幼儿的科学活动。

针对小班幼儿的认知水平，教师设计了小班集体科学活动“有趣的磁铁”，引导幼儿通过绘本故事认识磁铁，通过操作感知磁铁吸铁的特性；设计了区域活动“谁是磁铁宝宝？”“我和磁铁做游戏”，通过操作，引导幼儿进一步感知磁铁吸铁的特性和磁铁的磁性具有穿透力。三个活动层次分明，科学核心概念突出，有助于幼儿获得关于磁铁的科学领域关键经验。

针对中班幼儿“能对事物或现象进行观察比较，发现其相同与不同”的发展目标，教师围绕“磁铁异极相吸、同极相斥的特性”设计了中班集体科学活动“有魔力的磁铁”和区域活动“神奇的磁铁和铁粉”“小兔跳跳跳”，引导幼儿通过科学游戏和操作，感知磁铁同极相斥、异极相吸的特性。

磁铁不仅拥有神奇的力量，还和电有密切的联系，并且电磁力在生活中被广泛地运用，因此大班集体科学活动“神奇的电磁力”就以了解电磁力为重点。大班幼儿应具有“按照程序进行制作”的能力。活动中，教师先引导幼儿根据自己的计划进行实验，再通过交流分享发现影响实验成功的因素或步骤，接着及时完善计划再次实验，从而真正达到自主探索发现电磁力现象的目的，最后通过视频了解电磁力在生活中的运用。

有趣的磁铁（小班）

活动目标

- 认识磁铁，感知磁铁吸铁的特性。
- 愿意进行科学探究活动，体验探究的乐趣。

活动准备

·经验准备：幼儿认识铁制品。

·材料准备：绘本《豆豆大叔的磁铁游戏》，马蹄形磁铁若干，剪刀、铁钉、S钩等铁制品，木筷、塑料瓶盖、布球等非铁制品，“磁铁找朋友”记录表（全班共用一份，参见表18-1），笑脸贴纸若干。

表18-1 “磁铁找朋友”记录表

 ?							

活动指导

一、以“和豆豆大叔做游戏”的绘本情境导入，激发幼儿的探究兴趣。

引导语：今天老师带来了一本绘本，名字叫作《豆豆大叔的磁铁游戏》，你们想和豆豆大叔一起做游戏吗？

二、引导幼儿认识马蹄形磁铁，初步感知磁铁吸铁的特性。

1. 出示绘本第2～5页，引导幼儿观察马蹄形磁铁吸铁的现象，引发幼儿的思考。

引导语：豆豆大叔手上拿着什么？他在做什么游戏？

小结：豆豆大叔手上拿的是磁铁，这个一边是红色一边是蓝色、形状像马蹄的磁铁叫作“马蹄形磁铁”。豆豆大叔说磁铁有力量，能把它的好朋友吸引过来。那谁是磁铁的好朋友呢？

2. 幼儿操作探究，发现磁铁吸铁的特性。

（1）介绍材料，引发幼儿猜想。

引导语：这里有许多材料，剪刀、铁钉、S钩等，还有塑料瓶盖、木筷、布球等。谁会是磁铁的好朋友，被磁铁吸住呢？请你们猜一猜。

（2）幼儿动手操作，教师巡回观察。

引导语：请你们拿着马蹄形磁铁去吸一吸，找一找它的好朋友，并在这张记录表里给磁铁的好朋友贴上笑脸贴纸。

3. 结合记录表交流分享，发现磁铁吸铁的特性。

引导语：你们找到磁铁的好朋友了吗？磁铁吸住了谁？

小结：被磁铁吸住的东西有剪刀、铁钉、S 钩等，这些都是铁做的，是我们认识的铁制品。原来磁铁的好朋友是铁，它有吸引铁的特性。

三、玩游戏“磁铁找好朋友”，进一步感知磁铁吸铁的特性。

引导语：我们教室中还有哪些东西是磁铁的好朋友呢？现在请你们再拿着磁铁在我们的教室里吸一吸、找一找吧！

活动建议

- 本活动的重难点是引导幼儿使用马蹄形磁铁发现磁铁吸铁的特性。教师可事先通过家园互动，鼓励家长引导幼儿认识和辨别常见的铁制品。
- 根据小班幼儿的年龄特点，幼儿记录的铁制品不宜超过 5 个，且材料都应是幼儿生活中熟悉的物品。在非铁制品材料的投放上可以多元化，可提供塑料制品、木制品或纺织品等多种材质的物品。绘本中出现的硬币不宜在本活动中出现，因为硬币是由多种金属铸造的，可以作为拓展幼儿经验认知的操作材料。
- 在本活动的猜想环节中，教师要鼓励幼儿大胆猜测。这有助于教师更好地了解幼儿已有的经验，在活动中进行有针对性的指导。
- 教师提出问题及操作要求时语言要简要明晰、重点突出，这有助于小班幼儿有效地聚焦问题，有目的地思考、操作，从而提升其科学思维能力。
- 本活动只截取了绘本中适合小班幼儿探究的内容，因此教师可将绘本继续投放到语言区让幼儿自主阅读，或推荐给家长，作为亲子阅读的读物。

谁是磁铁宝宝？（小班）

活动目标

- 进一步感知磁铁吸铁的特性，发现磁铁有不同的外形特征。

活动准备

· 经验准备：幼儿阅读过绘本《豆豆大叔的磁铁游戏》，初步了解磁铁吸铁的特征。

· 材料准备：棒形磁铁，马蹄形磁铁，圆形磁铁，环形磁铁，可弯曲的橡胶磁铁，各种木制品、塑料制品及铁制品。

活动指导

一、利用磁铁可以吸铁的特性，引导幼儿在多种物品中，运用吸一吸的办法寻找出铁制品。

二、投放不同形状的磁铁，让幼儿吸一吸、碰一碰周围的物品，认识磁铁不同的外形特征，拓展对磁铁的认识。

活动建议

· 本活动建议采用区域活动的形式开展。

我和磁铁做游戏（小班）

活动目标

· 感知磁铁吸铁的特性，锻炼手眼协调能力。

· 发现磁铁的磁性具有穿透性。

活动准备

· 经验准备：幼儿阅读过绘本《豆豆大叔的磁铁游戏》。

· 材料准备：棒形磁铁，用线绳吊着的纸飞机（机身有回形针），磁铁钓鱼竿，小鱼（嘴部有回形针），小乌龟（嘴部有回形针），厚纸板制作的“小路”。

活动指导

一、飞机飞呀飞：将棒形磁铁放到桌面上（一端可露出桌沿），将用线绳吊着的纸飞机靠近磁铁，试试看会发生什么事情。（参见图 18-2）

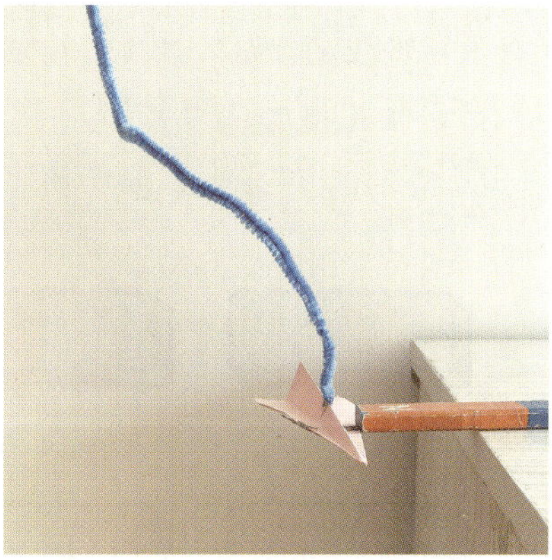

图 18-2 “飞机飞呀飞”

二、比比谁钓得多：用磁铁钓鱼竿钓鱼，比比谁钓得多。

三、乌龟爬：把小乌龟放在厚纸板制作的“小路”上面，把棒形磁铁放在厚纸板下面，牵引小乌龟顺着路移动，比比谁的乌龟爬得快。

活动建议

- 本活动建议采用区域活动的形式开展。

有魔力的磁铁（中班）

活动目标

- 初步探索感知磁铁相吸或相斥的特性。
- 尝试根据磁铁的特性进行游戏活动。
- 能用语言清楚地描述游戏中的发现。

活动准备

·经验准备：幼儿阅读过绘本《豆豆大叔的磁铁游戏》第 2～13 页，知道磁铁具有吸铁的特性，在区域活动中玩过磁铁两端相吸或相斥的游戏。

·材料准备：绘本《豆豆大叔的磁铁游戏》，视频“磁悬浮列车”，幼儿人手一个棒形磁铁、一辆自制磁铁汽车，“磁铁小实验”记录表（参见表 18-2）。

表 18-2 “磁铁小实验”记录表

号数：	日期：	
当把磁铁上的“S”“N”按图上摆放，会不会互相吸引呢？相互吸引画“√”，相互排斥画“×”。		
磁铁摆放	我的猜想	实验结果
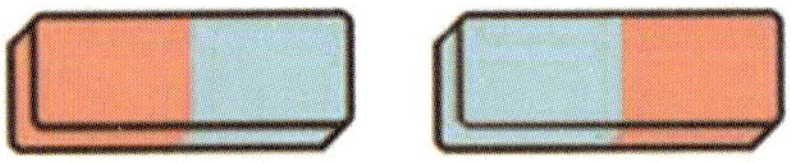		
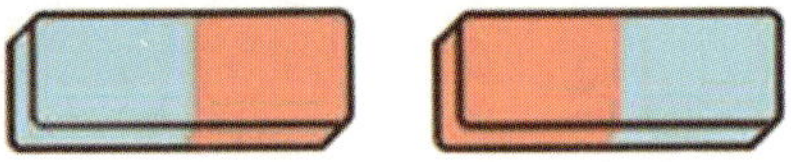		
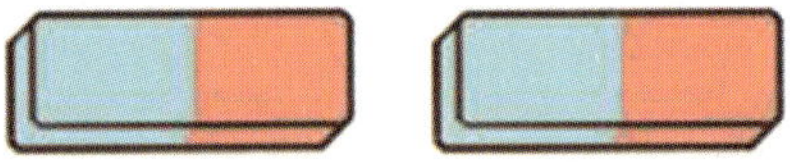		

活动过程

一、回顾区域活动中玩磁铁的情况，引发幼儿的兴趣。

1. 出示绘本第 2～12 页，回顾已有经验。

引导语：谁来了？豆豆大叔把玩磁铁的秘密都藏在了一本绘本里，名字叫作《豆豆大叔的磁铁游戏》，我们一起再看看吧！磁铁有什么本领？

小结：磁铁有吸铁的本领。磁铁有不同形状，有棒形磁铁、马蹄形磁铁、硬币磁铁、橡胶磁铁。磁铁有两极，回形针被吸在磁铁的两极。

2. 出示绘本第 13 页（参见图 18-3）和“磁铁小实验”记录表，师幼交流区域活动中玩磁铁的情况。

引导语：我们在区域中发现了这些秘密。除了这些发现，你们还记录了哪些新发现呢？

小结：磁铁相同颜色的两极会相互排斥，不同颜色的两极会相互吸引，这种相互排斥或相互吸引的力叫作“磁力”。

图 18-3　《豆豆大叔的磁铁游戏》内文画面①

二、玩游戏“磁铁汽车跑起来”，幼儿自由探索，进一步感知磁铁相吸或相斥的特性。

1. 出示绘本第 16～17 页，引发幼儿探究的兴趣。

引导语：豆豆大叔又玩游戏了，这回他玩的是磁铁汽车游戏。你们猜，小汽车怎样才可以跑动起来？

2. 幼儿利用棒形磁铁和自制磁铁汽车自主探索“利用磁铁让汽车动起来”，进一步感受磁铁相吸或相斥的特性。

3. 结合图示（参见图 18-4），师幼共同交流分享在游戏中发现的秘密。

棒形磁铁和小汽车上的磁铁相同颜色的一端相对，磁铁会推着小汽车往前移动

棒形磁铁和小汽车上的磁铁不同颜色的一端相对，磁铁吸住小汽车往前移动

图 18-4　利用磁铁让汽车动起来

引导语：你的小汽车动起来了吗？你是怎样让它动起来的？

小结：磁铁相同颜色的两极靠在一起时，会相互排斥，推着小汽车跑动起来；磁铁不同颜色的两极靠在一起时，会相互吸引，带着小汽车跑起来。

三、利用磁铁相吸或相斥的特性进行“磁铁汽车比赛”游戏，引导幼儿体验科学游戏的快乐。

1. 出示有车头标志的小汽车，引发幼儿猜想。

图 18-5　磁铁汽车比赛

引导语：这辆小汽车和之前有什么不一样？如果想让小汽车从起跑线开始向前开动，那么应该如何摆放磁铁才能推动小汽车前进？现在请你们进行磁铁汽车比赛，看看谁的小汽车跑得快。要求是磁铁和小汽车不能吸在一起。

2. 幼儿两两比赛，进一步感受棒形磁铁两端不同颜色相吸、相同颜色相斥的特性。

3. 交流分享，梳理小结。

引导语：谁的小汽车跑得快？你的磁铁吸住小汽车了吗？你是怎么做到的？

小结：想让磁铁和磁铁汽车不吸在一起，要让相同颜色的两极相互作用，这样就可以推动小汽车前进了。

四、观看视频“磁悬浮列车”，了解磁铁在生活中的运用。

引导语：磁铁的这个本领太有趣了，人们还利用磁铁的这个本领制造了许多方便我们生活的东西，一起来看看吧！

活动建议

· 根据中班幼儿的年龄特点和材料的特点，对绘本中关于磁铁相吸或相斥的游戏内容，教师要进行适当的取舍。例如，铁粉的游戏不建议在集体教学活动中开展，可适当放在区域活动中；缝衣针比较危险，更适合在家庭亲子活动中使用。

· 磁铁相吸或相斥的探索游戏，建议使用棒形磁铁。棒形磁铁不仅能很好地反映磁铁相吸或相斥的特性，而且两端不同的颜色也能帮助幼儿在交流分享时清楚地表达自己的发现。活动中教师要鼓励幼儿利用磁铁两端不同的颜色进行探究，清楚、连贯地表达所观察到的科学现象。

神奇的磁铁与铁粉（中班）

活动目标

· 进一步感知磁铁相吸或相斥的特性，感受科学实验的神奇。

活动准备

· 材料准备：厚纸板，棒形磁铁两根，马蹄形磁铁两个，铁粉。

活动指导

一、将两根棒形磁铁不同的两极相对放置，上面放一张厚纸板，在厚纸板上撒上铁粉，观察铁粉的排列形状。

二、将两根棒形磁铁相同的两极相对放置，在上面的厚纸板上撒上铁粉，观察铁粉的排列形状。

三、按照上述两根棒形磁铁的放置方法摆放两个马蹄形磁铁，在厚纸板上撒上铁粉，观察铁粉的排列形状。

活动建议

· 本活动建议采用区域活动的形式开展。

小兔跳跳跳（中班）

活动目标

· 进一步感知磁铁相吸或相斥的特性。

活动准备

· 材料准备：环形磁铁五个（其中一个贴着小兔图片），塑料吸管，磁盘底座（参见图 18-6）。

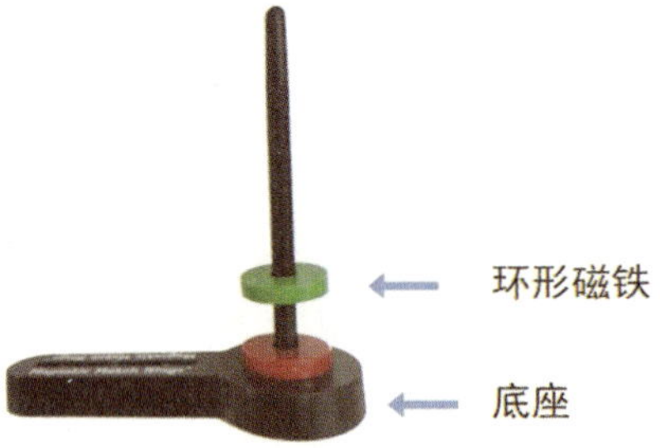

图 18-6　磁盘底座

活动指导

观察环形磁铁的正反面，利用磁铁同极相斥的原理把环形磁铁套在塑料吸管上，使磁铁呈现相斥状态，然后摁压贴着小兔图片的磁铁，让小兔子弹跳起来。

活动建议

· 本活动建议采用区域活动的形式开展。

神奇的电磁力（大班）

活动目标

· 能按计划自主操作，探索电磁力的有趣现象。

· 能根据实验结果调整计划，进一步发现影响实验的因素。

· 了解电磁力在生活中的应用。

活动准备

· 经验准备：幼儿阅读过绘本《豆豆大叔的磁铁游戏》，做过让小灯泡亮起来的实验；幼儿初步制订了电磁力实验计划。

· 材料准备：绘本《豆豆大叔的磁铁游戏》第 23 页的实验图示（参见图 18-7），关于电磁力在生活中的运用的视频，电线，缠着电线的铁钉，回形针，电池，电池盒，开关。

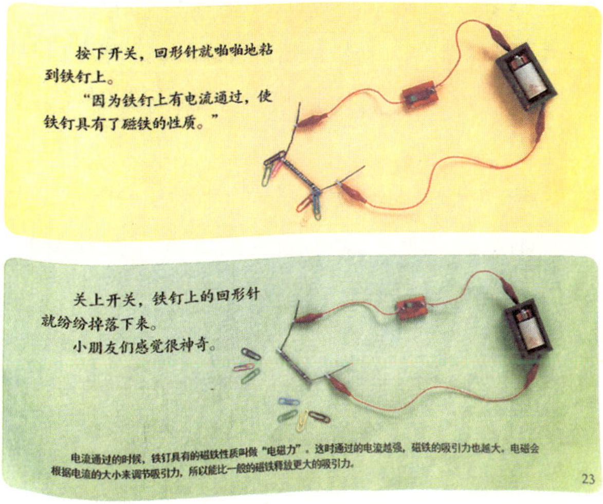

图 18-7　《豆豆大叔的磁铁游戏》内文画面②

活动指导

一、回顾绘本中的电磁力实验，引导幼儿分享自己的实验计划。

引导语：前阵子，我们看了绘本《豆豆大叔的磁铁游戏》。故事里的豆豆大叔带着小动物们做了很多实验，发现了磁铁的很多秘密。其中有一个电磁力游戏，很多小朋友特别感兴趣，也想试试，有些小朋友做了电磁力实验的计划，我们一起看看吧！

小结：做实验，首先需要准备好材料，然后还要按步骤一步一步地进行。现在就请你们根据自己的实验计划进行电磁力实验吧！

二、幼儿初步根据计划进行科学小实验“神奇的电磁力”，探索电磁力的有趣现象。

1. 幼儿根据自己的计划自主操作，教师巡回指导。

2. 师幼共同交流分享实验过程及结果。

引导语：你成功了吗？你是怎么做的？有遇到困难吗？要怎么调整？

小结：第一步要将电池装入电池盒；第二步要用电线将电池盒、开关连接起来；第三步将电线两头连接铁钉；第四步撒上回形针，打开开关，观察现象。

三、幼儿完善实验计划后再次实验，体验开展科学小实验的快乐。

引导语：成功的小朋友可以思考如果再增加一个电池盒会发生什么现象；没有成功的小朋友请思考哪个环节失误了，调整自己的计划，再次实验。

四、播放关于电磁力的视频，引导幼儿了解电磁力在生活中的应用。

引导语：豆豆大叔说电磁力的用途可多了，让我们一起看看电磁力被用到了生活中的什么地方。

小结：原来，磁悬浮列车、电动机等都是运用了电磁力的作用。生活中还有什么地方也用到了电磁力呢？请小朋友们回家再找找资料吧！

活动建议

· 实验过程中教师巡回指导时，重点观察幼儿按计划实验的过程，了解影响实验成功与否的因素，以便交流分享时能有的放矢，促使幼儿有效完善自己的实验计划。

· 绘本包含了众多磁铁的游戏，大班幼儿又具有书面表达的愿望和初步技能，因此可以引导幼儿将做过的磁铁游戏用图画或符号记录下来，制作成自己的磁铁故事书。

绘本《呼啦啦地搅，慢慢就溶化》相关活动设计

图 19-1 《呼啦啦地搅，慢慢就溶化》封面

绘本内容简介

绘本《呼啦啦地搅，慢慢就溶化》主要讲述了想开茶馆的小兔子一家在制作饮料和洗碗的过程中发现了许多关于溶解的小秘密的故事。该绘本通过充满趣味的情节、温馨唯美的画面，直观地展示了关于溶解的科学现象，如均匀混合物与不均匀混合物、快速溶解、饱和溶液、油水不相溶等。

基于绘本的活动设计思路

绘本《呼啦啦地搅，慢慢就溶化》中涉及的关于溶解的科学核心知识包括：感知不同物质（固体、液体、气体）在水中会产生不同的现象（可溶、不可溶），了解溶液的饱和度，发现影响溶解快慢的因素，探究油和水的可溶转换等。绘本浅显易懂的解说和奇妙的科学游戏可以让幼儿认识身边的科学现象，了解科学原理。因此，教师结合各年龄段幼儿的特点，以该绘本为载体，分别设计适合小、中、大班幼儿的科学活动。

小班幼儿在探究能力方面的发展目标为“对感兴趣的事物能仔细观察，发现其明显特征”，教师据此设计了小班集体科学活动“它不见了”和区域活动“小小饮料吧”。两个活动围绕“观察发现不同物质在水中的溶解现象”，引导幼儿通过自制饮料，感知溶解的有趣现象，区分可溶于水和不可溶于水的物质，拓展溶解的相关经验。

中班幼儿应“能感知和发现常见材料的溶解、传热等性质或用途”。教师据此设计了中班集体科学活动“溶解大比拼”，引导幼儿通过多次操作，发现影响物质溶解速度的因素，进一步丰富幼儿对溶解快慢与可溶物颗粒大小、水温、是否搅拌有关系的认知。

大班幼儿应“能通过观察、比较与分析，发现并描述不同种类物体的特征或某个事物前后的变化”，并要“能用数字、图画、图表或其他符号记录”。教师据此设计了大班集体科学活动“油和水”，引导幼儿运用持续观察和比较观察的方法，对比感知“油放入水中”“洗涤剂放入油水混合物中”的不同现象，并启发幼儿用图示记录发现，既让幼儿直观地获得了更多油水分离的感性经验，又有效地培养了幼儿的专注力和坚持性，并实现了从科学小实验到回归生活的延伸。

不同年龄段的集体教学活动或区域活动，都是基于绘本中的科学知识和不同年龄段幼儿的科学探究发展目标，通过层层递进的活动设计，让幼儿由浅入深地积累溶解的经验。四个活动承上启下、拓展链接，让幼儿在自主操作的过程中，逐渐编织起一张关于溶解的科学知识网。

它不见了（小班）

活动目标

· 观察可溶物质在水中溶解时的变化，初步感知溶解现象。

· 知道糖、奶粉和盐能溶于水，油不能溶于水。

· 对生活中的溶解现象感兴趣，愿意在集体中简单表达自己的发现。

活动准备

· 经验准备：幼儿对常见的调味品、食品有一定的认识。

· 材料准备：绘本《呼啦啦地搅，慢慢就溶化》，各种溶液（如糖水、盐水、速溶果汁等），透明杯子、勺子、漏勺、温水、奶粉、糖、盐、油、果汁粉等操作材料，“它会在水里溶解吗？”记录表（参见表 19-1），笑脸、哭脸贴纸。

· 环境创设：创设“饮料吧”，提供各种饮料。

表 19-1 “它会在水里溶解吗？”记录表

活动指导

一、以“饮料吧”的情境导入，激发幼儿参与活动的兴趣。

引导语：今天，我们班的“饮料吧”开业啦！“饮料吧”里有一些饮料，请小朋友尝一尝。（幼儿自由品尝饮料。）你品尝了哪种饮料？好喝吗？你尝到什么味道？

二、幼儿自由调配饮料，初步感知溶解现象。

1. 幼儿操作，初步感知溶解的现象。

引导语：请你们也来当“饮料调配师”，调配一杯饮料。桌上有杯子、勺子、温水，还有糖、奶粉、盐。调配的时候，要注意一杯水里只放一种材料，把材料放进水里后，可以轻轻地搅一搅，认真观察发生的变化。

2. 集中交流分享，结合绘本第 4～7 页的画面梳理溶解的经验。

引导语：你调了什么口味的饮料？发现了什么？刚才放进水里的材料，我们还能用工具（如勺子、漏勺）取出来吗？它去哪里了？真的消失不见了吗？

小结：把糖（或奶粉、盐）放在水里搅一搅，慢慢地看不见、消失了，水的味道也变了，有时水的颜色也会发生变化。这个过程叫作“溶解”。

三、幼儿再次操作，进一步观察发现可溶于水和不可溶于水的物质。

1. 引发幼儿猜想。

引导语：如果把油、果汁粉分别放入水里，然后搅拌，想一想、猜一猜，它们会有变化吗？什么材料能在水里溶解？什么材料不能在水里溶解？

2. 幼儿验证猜想并记录结果。

引导语：请小朋友们把油和果汁粉分别放入两杯水里。注意认真地观察这些材料在水中的变化，可以用勺子轻轻搅一搅，耐心等一等，看看跟你们刚才猜想的一样吗？什么会像糖一样溶解，什么不会溶解？请把你的发现记录在记录表（表 19-1）里。能溶解的，贴上笑脸贴纸；不能溶解的，贴上哭脸贴纸。

3. 展示记录表，分享交流实验结果。

引导语：这些材料能在水里溶解吗？你是怎么知道的？刚才放进水里的材料，我们还能用工具（如勺子、漏勺）取出来吗？

小结：果汁粉能够溶于水，但水和油相互不溶解，因为我们能用勺子把放进水里的油取出来。原来，生活中有的物质能像糖一样在水里溶解，有的物质却不会在水里溶解。

四、抛出问题，拓展延伸活动。

引导语：生活中还有哪些东西能在水里溶解，哪些东西不能在水里溶解？

回家以后我们再去找找。

活动建议

• 本活动涉及观察比较，对部分小班幼儿来说有一定难度，建议放在小班下学期或中班上学期开展。

• 本活动中的记录表可灵活使用。若幼儿的能力强，可以尝试由幼儿自己记录；若幼儿的能力较弱，可以在集体梳理时由教师记录。

• 幼儿操作时使用的杯子，宜选用透明的塑料杯，便于观察。

活动延伸

• 区域活动：引导幼儿在科学区的“小小饮料吧”操作，继续探索关于物质溶解的现象。

• 家园共育：建议家长与幼儿寻找生活中的更多固体、液体材料玩溶解游戏，丰富和拓展幼儿关于溶解的经验，引导幼儿初步了解溶解在生活中的应用、感受溶解给生活带来的便利。

小小饮料吧（小班）

活动目标

• 能仔细观察，初步感知溶解有快慢等现象，进一步了解溶解的现象。

活动准备

• 经验准备：幼儿已有一定的关于物质溶解的经验。

• 材料准备：糖、盐、奶粉、果汁粉、咖啡粉、油等材料，水，勺子，透明杯子，饮料单，花片（钱的替代物）。

活动指导

一、以买卖的方式进行“小小饮料吧”游戏，由一名幼儿当顾客，在饮料单上下单，另一名幼儿当店员，根据饮料单制作饮料。店员做好饮料，给顾客品尝，店员收钱（替代物），交易成功。两人可交换角色，继续游戏。

二、幼儿根据不同的材料操作和观察。

1. 投放不同的材料，幼儿观察分辨能溶于水和不溶于水、易溶于水和难溶于水的物质。

2. 投放相同体积的水、不同重量的相同物质（如盐），幼儿对比感知饱和溶液和不饱和溶液的溶解现象。

3. 投放大小、形状不同的固体和温度不同的水，幼儿感知溶解现象的不同。

4. 将不同的溶液（如盐水、糖水、奶粉溶液、咖啡溶液、蜂蜜水、油水溶液、麦片溶液等）陈列在观察角，供幼儿对比观察不同的溶解现象（有色或无色，可溶或不可溶）。

活动建议

- 本活动建议采用区域活动的形式开展。

溶解大比拼（中班）

活动目标

- 知道物质的溶解速度与水的温度、物质的颗粒大小、是否搅拌有关。
- 认真观察事物的变化，并能大胆讲述自己的发现。

活动准备

- 经验准备：幼儿阅读过绘本《呼啦啦地搅，慢慢就溶化》；幼儿已有一定的关于溶解的经验，如认识溶解现象，知道有的物质可溶于水、有的物质不可溶于水等。
- 材料准备：绘本《呼啦啦地搅，慢慢就溶化》，热水，冷水，杯子，勺子，大小不同的冰糖，白糖。
- 环境创设：将幼儿在溶解实验中的发现张贴在四周。

活动指导

一、以绘本第 10 页（参见图 19-2）的内容导入，引发幼儿探究的兴趣。

引导语：前段时间，我们都看了绘本《呼啦啦地搅，慢慢就溶化》，大家对绘本中的溶解现象特别感兴趣，在区域里也做了许多溶解的小实验，小朋友们有了很多发现，谁来跟大家分享一下？绘本中的兔子一家又遇到难题了，我们一起来看看难题是什么。原来兔子想请我们帮他们用更短的时间调配出饮料。

图 19-2　《呼啦啦地搅，慢慢就溶化》内文画面①

二、幼儿分组操作，初步发现水的温度会影响溶解的速度。

1. 提出问题，幼儿猜想。

引导语：这里有两杯水，一杯是冷水，一杯是热水。请你们猜猜看，如果分别拿一块大小相同的冰糖放进冷水和热水里，哪一杯水里的冰糖会更快溶解呢？

2. 介绍材料，幼儿操作。

引导语：请认为冷水里的冰糖会更快溶解的小朋友为一组，认为热水里的冰糖会更快溶解的小朋友为一组。两个小组同时将冰糖放入水杯中，老师开始计时，让我们看看哪一组的冰糖溶得更快。

3. 集中分享交流。

引导语：你们发现了什么？哪一组的冰糖更快地溶解了呢？冰糖在冷水和热水里的变化有什么不一样？

小结：冰糖在热水里溶解得快，在冷水里溶解得慢。原来，水温的高低会影响冰糖溶解的速度。水越热，冰糖溶解得越快。

三、幼儿分组操作，初步发现物质的颗粒大小会影响溶解速度。

1. 提出问题，幼儿猜想。

引导语：怎样让糖在水里溶解得更快一些？你们有什么好办法？

2. 介绍材料，幼儿操作。

引导语：这里有大小不同的冰糖、白糖和冷水，请你们用最短的时间调出糖水，看看哪一组的糖最快溶解，最快调好糖水。

三个小组同时在温度相同的冷水里放入大块冰糖、小块冰糖和适量的白糖，教师开始计时。

3. 集中分享交流。

引导语：哪一种材料能够更快地溶于水，让我们更快地做出糖水呢？

小结：白糖能更快溶于水，大块的冰糖溶于水的速度比较慢。所以，选择颗粒小一点的材料能让它更快地在水里溶解。

四、幼儿再次操作，感知搅拌对溶解速度的影响。

1. 介绍材料，幼儿猜想。

引导语：现在这里只剩下白糖、勺子和冷水，你能快速地做出一杯糖水吗？怎么做？

2. 提出要求，幼儿操作。

引导语：请其中一组小朋友使用勺子搅拌水里的白糖，另一组小朋友不搅拌，看看哪一组能更快成功。

两个小组同时在温度相同的冷水里放入一样多的白糖，教师开始计时，一组使用勺子搅拌，另一组不搅拌。

3. 集中分享交流。

引导语：哪一组更快做出糖水了呢？为什么？

小结：搅拌能使白糖更快地在水里溶解。

五、出示绘本第 11 页（参见图 19-3），巩固快速溶解的方法。

引导语：绘本里的兔子一家用了哪些方法来快速溶解粉末和糖块？和我们刚才的实验结果一样吗？我们一起来看一看吧！

图 19-3　《呼啦啦地搅，慢慢就溶化》内文画面②

活动建议

· 本活动的实验材料，教师需提前进行结构化的处理，如选用颗粒大小一致的冰糖；水温应适宜，避免烫伤幼儿；还可为幼儿提供围裙、袖套。

· 在本活动的猜想环节，可灵活采用小组讨论、个别提问的方式，多给幼儿表达的机会，多倾听幼儿的想法，这样便于幼儿之后更有目的性地探究。

活动延伸

· 区域活动：在科学区投放白糖、盐、果汁粉、奶粉等可食用物品，不同水温的水，引导幼儿自制饮料；投放水、洗洁精、洗衣粉、肥皂等物品，鼓励幼儿尝试自制泡泡水。

· 家园共育：建议家长与幼儿一起了解生活中的溶解现象，如给鱼缸里的鱼供氧（气体溶于水）。

油和水（大班）

活动目标

· 能运用比较和连续的观察方法发现油、洗洁精等物体放入水中的前后变化，并能较清楚地描述自己观察到的现象。

· 知道油和水不相溶，洗涤剂可以让油和水相互溶解，感受洗涤剂在生活中的作用。

活动准备

· 经验准备：幼儿阅读过绘本《呼啦啦地搅，慢慢就溶化》，在区域中玩过与溶解有关的小游戏，对溶解有一定的认识。

· 材料准备：绘本《呼啦啦地搅，慢慢就溶化》，透明杯子、筷子、勺子、抹布各若干，水、油、洗洁精、洗衣粉等材料、“油和水”记录表（参见19-2），水彩笔。

表 19-2　“油和水”记录表

号数：________

	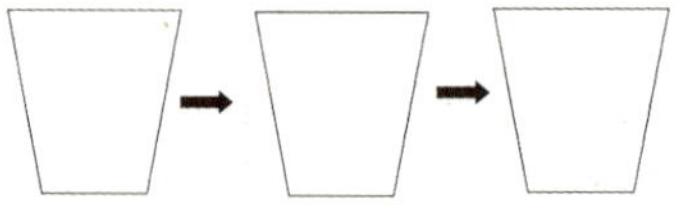

活动指导

一、结合绘本第 2～13 页，回顾关于溶解的内容。

引导语：前几天，我们一起看了一本关于溶解的绘本《呼啦啦地搅，慢慢就溶化》，我们在区域里也玩了物质溶解的游戏，小朋友有很多发现，谁来分享一下？

二、幼儿实验，引导幼儿运用连续和比较的观察方法发现油放入水中的前后变化。

1. 出示绘本第 16～17 页（参见图 19-4），引发幼儿猜想“油和水在一起会怎样？”。

引导语：想开茶馆的小兔子一家在尝试制作糖茶、可可茶的过程中，发现了许多溶解的秘密。后来小兔子吃完薄饼，陪着兔爸爸洗碗的时候，又发生了一件事。他发现了什么？油和水在一起会怎样？

图 19-4　《呼啦啦地搅，慢慢就溶化》内文画面③

2. 幼儿实验操作，并讲述自己的观察发现。

（1）介绍操作材料和记录表，并提出实验要求。

引导语：我们一起来做实验吧！桌上有水、油、筷子、杯子、抹布、记录表、水彩笔。请你们在装了水的杯子里倒入油，蹲下来从侧面看一看，接着用筷子搅一搅，看看又有什么变化，最后等水完全平静下来后，看看又发现什么，记得把你的发现记录下来。

（2）结合记录表，幼儿分享自己的操作发现。

引导语：你是怎么做的？你看到了什么？油消失了吗？

3. 回到绘本第 18 页（参见图 19-5），验证“油和水不相溶”的科学现象。

图 19-5　《呼啦啦地搅，慢慢就溶化》内文画面④

引导语：绘本里小兔子的发现，跟你们的发现一样吗？我们一起来看看。水和油相互不溶解，油浮在了水面上。

三、幼儿迁移经验，再次实验，运用比较和连续的观察方法发现、记录洗涤剂放入油的前后变化。

1. 联系生活，引发幼儿猜想“油和水相溶的方法”。

引导语：我们知道了油和水不能交朋友，所以我们洗碗、洗衣服的时候，要用什么东西去除油渍？（洗洁精、洗衣粉。）为什么？把它们加入油水混合物里，到底会发生什么变化？待会儿我们再来做个实验。

2. 介绍材料，引导幼儿再次实验，将洗涤剂放入油水中，并观察其变化。

引导语：这里有洗洁精、洗衣粉。请你们选择一种，添加一些到刚才的杯子里，轻轻搅一搅，认真、耐心地观察，看看会有什么新的发现。

3. 分享交流自己的观察发现。

引导语：你看到了什么？

小结：洗洁精和洗衣粉这些东西都是洗涤剂，当它们遇到了油，就能把油轻松地溶解在水里。所以，盘子里的油渍就被洗得干干净净了。今天，我们发现了油和水不相溶的秘密，还知道了洗涤剂能让油溶解在水里。这对我们的生活有什么帮助或启示吗？回去以后，我们可以继续思考一下这个问题。

活动建议

• 本活动有两次连续的观察和记录，需要花费较多的时间等待、观察，因此活动时间可视幼儿的学习情况适当延长。

• 本活动可以采用分组探究的形式开展，引导幼儿合作学习。

• 本活动更侧重于探究的过程，尤其在发展幼儿专注学习、细致观察的品质方面，教师应多引导、积极鼓励。此外，在自主记录、分享交流的环节，教师应鼓励幼儿多表达探究过程中的问题和发现，多利用追问、疑问、反问等方式引发幼儿的思考，进而更好地培养幼儿懂观察、爱思考、会提问的学习品质。

活动延伸

• 区域活动：（1）在科学区投放水、奶粉、白糖、盐、果汁粉、茶叶、燕麦等，引导幼儿继续玩溶解的游戏。（2）在美工区投放油彩颜料、纸、水、画笔等，引导幼儿自主创作油水分离画。

• 家园共育：鼓励幼儿与家长在家里继续观察在油水混合物中投放其他洗涤剂后的变化。

图书在版编目(CIP)数据

从绘本阅读到幼儿园科学活动 / 王蓉主编. --福州：福建人民出版社，2024.4

ISBN 978-7-211-09177-5

Ⅰ.①从… Ⅱ.①王… Ⅲ.①科学知识—学前教育—教学参考资料 Ⅳ.①G613.3

中国国家版本馆 CIP 数据核字（2023）第 185396 号

从绘本阅读到幼儿园科学活动

CONG HUIBEN YUEDU DAO YOU'ERYUAN KEXUE HUODONG

主　　编： 王　蓉
责任编辑： 吴梅香
助理编辑： 蔡彬彬
出版发行： 福建人民出版社　　**电　　话：** 0591-87533169(发行部)
网　　址： http://www.fjpph.com　　**电子邮箱：** fjpph7211@126.com
地　　址： 福州市东水路 76 号　　**邮政编码：** 350001
经　　销： 福建新华发行（集团）有限责任公司
印　　刷： 福建省金盾彩色印刷有限公司
地　　址： 福州市金山浦上工业区 D 区 24 座
电　　话： 0591-87718701
开　　本： 700 毫米×1000 毫米　1/16
印　　张： 10.25
字　　数： 165 千字
版　　次： 2024 年 4 月第 1 版
印　　次： 2024 年 4 月第 1 次印刷
书　　号： ISBN 978-7-211-09177-5
定　　价： 35.00 元

本书如有印装质量问题，影响阅读，请直接向承印厂调换。